Joseph Alexander

Napoleon I - Fahrt von Fontainebleau nach Elba, April-Mai 1814

Joseph Alexander

Napoleon I - Fahrt von Fontainebleau nach Elba, April-Mai 1814

ISBN/EAN: 9783744655064

Hergestellt in Europa, USA, Kanada, Australien, Japan

Cover: Foto ©ninafisch / pixelio.de

Weitere Bücher finden Sie auf **www.hansebooks.com**

Napoleon I.

Fahrt von Fontainebleau nach Elba

April — Mai 1814

Mit Benützung der amtlichen Reiseberichte
des kaiserlich österreichischen Commissars General Koller

von

Joseph Alex. Frhr. v. Helfert

Wien, 1874.

Wilhelm Braumüller
k. k. Hof- und Universitätsbuchhändler.

Der Verfasser behält sich das Übersetzungsrecht vor

Die denkwürdigen Einzelheiten von Napoleon's Fahrt in das ihm nach seiner ersten Abdankung angewiesene Exil sind zuerst durch eine Schrift des Reichs-Grafen Friedrich Ludwig von Waldburg-Truchseß im Frühling 1815, als die Wiederkehr des Gefürchteten aus Elba alle Gemüther in aufgeregter Spannung erhielt, weiteren Kreisen bekannt geworden. Das wie es scheint bereits sehr selten gewordene Büchlein führt den Titel:

Napoleon Buonaparte's Reise von Fontainebleau nach Frejus vom 17. bis 29. April 1814. Herausgegeben von dem zur Begleitung Napoleon Buonaparte's allerhöchst ernannten Königl. Preuß. Commissarius Grafen v. Truchses-Waldburg Königl. Preuß. Obristen ꝛc. Einzig rechtmäßige Ausgabe. Berlin 1815. In der Maurerschen Buchhandlung. Poststraße Nr. 29.

Die Schrift schließt S. 55—70 mit einem „Nachtrag aus mündlichen Erzählungen des F.-M.-L. Koller", was darauf schließen lassen könnte als ob in dem eigentlichen Texte S. 3—54 nichts aus derselben Quelle geschöpft worden sei. Das ist aber unrichtig; denn auch da findet sich vieles, was der preußische Commissar nur aus dem Munde seines österreichischen Collegen haben konnte, z. B. gleich

*

die Unterredung Napoleon's mit Koller unmittelbar vor der Abfahrt von Fontainebleau S. 9—17.

Noch im selben Jahre erschien von der Truchseß'schen Schrift eine französische Übersetzung in Paris:

> Nouvelle relation de l'itinéraire de Napoléon de Fontainebleau à l'île d'Elbe, rédigé par le comte de Waldbourg-Truchsess, commissaire nommé, par S. M. le roi de Prusse, pour l'accompagner. Ouvrage traduit de l'Allemand, sous les yeux de l'Auteur, et augmenté de plusieurs faits qui ne sont pas dans l'original.

Die Zusätze, um welche die Übersetzung gegen den ursprünglichen Text reicher ist, betreffen einige Details im Text oder in den Anmerkungen, dann verschiedene Documente im Anhang, darunter die Proclamation Augereau's vom 16. April aus Valence, Proclamationen vom 4. bis 6. Mai aus Porto Ferrajo ꝛc. Allerdings gibt es dagegen andere Einzelheiten die, mit Rücksicht auf den französischen Leserkreis, in die Übersetzung nicht aufgenommen wurden; doch ist dies wenig und unwesentlich.

Die französische Übersetzung erlebte rasch nacheinander vier Auflagen, bis im Jahre 1836 der Verfasser selbst eine durchgesehene und etwas umgearbeitete französische Ausgabe seines Büchleins veranstaltete:

> Journal de mon voyage de Fontainebleau à Fréjus en 1814 traduit de l'allemand etc. Turin, Jos. Fodratti 1836; 8, 61 S.

Noch ein anderer der Gefährten Napoleon's auf der Fahrt von Fontainebleau nach Elba hat seine Wahrnehmungen aufgezeichnet, und zwar in Form eines Tagebuches, nach seinem Tode von einem Verwandten, Archibald Neil Campbell Maclachlen, herausgegeben:

Napoleon at Fontainebleau and Elba, being a journal of occurrences in 1814—1815 by the late Major-General Sir Neil Campbell etc. With a portrait. London, John Murray, 1869.

Kurze Zeit nach dem eben genannten Werke ist über die Kaiserfahrt nach Elba ein Bericht erschienen den man in gewissem Sinne als einen authentischen betrachten könnte weil sich Napoleon selbst an der Abfassung desselben betheiligt hat, wir meinen das erste Capitel des im XXXI. Bd. der „Correspondance de Napoléon Ier" enthaltenen Aufsatzes: „L'île d'Elbe et les Centjours", von welchem die Herausgeber in einer Note sagen daß ihnen zu dieser „bisher noch nicht veröffentlichten" Partie der „Oeuvres de Napoléon I. à Ste Hélène" das Original-Manuscript vorgelegen habe, das „zahlreiche Verbesserungen und Zusätze von der Hand des Kaisers" enthalte und ihnen vom General Henry Bertrand zur Verfügung gestellt worden sei. Die Darstellung dieses Tagebuches weicht gar sehr von jener der beiden vorgenannten ab; es ist Schönfärberei in napoleonischem Sinne; auch haben sich manche Ungenauigkeiten eingeschlichen.

Eine noch völlig unbenützte Quelle bieten die im kaiserlichen Staats-Archive aufbehaltenen amtlichen, an den damals in Paris weilenden Staatskanzler Fürsten Metternich gerichteten Reiseberichte des F.-M.-L. Koller, des von österreichischer Seite dem entthronten Kaiser beigegebenen Commissärs, und zwar desjenigen welchen Napoleon selbst als den hervorragendsten unter den Bevollmächtigten der verbündeten Mächte bezeichnete — „le général Koller était le plus actif et le meilleur" —. Mit Koller's Berichten stehen theils Originale theils Abschriften von einer Reihe von Actenstücken in Ver-

bindung, die den Sammlern der „Correspondance de Napoléon Ier"
entgangen sind und einen werthvollen Nachtrag zu denselben bilden.
Wir bringen den Wortlaut derselben in unserem Anhange.

Endlich war es uns vergönnt, durch die besondere Güte des
gegenwärtig in Baden domicilirenden Freiherrn August von Koller,
gewesenen Unterstaatsfecretärs im Ministerium des Äußern, ältesten
Sohnes des ehemaligen Reisegenossen Napoleon's, Einsicht in mehrere
Actenstücke, Druckschriften und Manuscripte zu nehmen, die der Verstorbene von jener Fahrt oder mit Beziehung auf dieselbe gesammelt
hatte. Eine derselben ist ein Heft mit der Überschrift: „Tagebuch von
Fontainebleau nach Fréjus, vom 17. bis 29. April 1814" von der
Hand eines der Adjutanten Koller's, des nachmaligen Generals
Mathias (Milota Zbirad) Polák ins reine geschrieben. Ein Einblick in
dieses Manuscript hat uns bald gezeigt daß es nichts als eine Abschrift des Truchseß'schen Büchleins deutscher Ausgabe sei, die sich
der gewesene österreichische Reise-Commissarius ohne Zweifel darum
anfertigen ließ, weil dieselbe der Hauptsache nach ja nichts
anderes enthielt als was der Reichsgraf aus seines
Gefährten Mittheilungen geschöpft hatte. Es finden sich
darum in diesem Manuscripte nur kleine, mit anderer Tinte und
Feder (Koller's?) darüber geschriebene Styl-Aenderungen, z. B. statt
„wir machten ihm bemerklich" — „man machte ihm bemerklich";
statt „er bat uns sogar" — „er bat die Commissare sogar" u. dgl.
Eine sehr werthvolle Beilage des Koller'schen Fascikels bildet der
Bericht seines damaligen Adjutanten Grafen Clam-Martinic
den derselbe, im Auftrage und als Ergänzung der amtlichen Reiseberichte
Koller's nach seiner Rückkunft von Elba, aus dem Haupt-Quartiere
der Verbündeten Saint-Cloud am 12. Mai 1814 an den Fürsten
Metternich erstattete. Das Original dieses Ergänzungsberichtes findet
sich unbegreiflicherweise unter den Actenstücken des kais. Staats-Archivs

nicht vor; das im Besitze der Koller'schen Familie befindliche ist aber
unzweifelhaft ein Duplum, das der damalige Adjutant Koller's seinem
General einzuhändigen sich verbunden erachtete oder aufgefordert
worden war.

Nehmen wir dazu das Memorial des Schatzmeisters Peyrusse,
aus welchem neuestens Amédée Pichot (Napoléon à l'ile d'Elbe,
Paris, E. Dentu 1873) reiche Auszüge geliefert hat, so glauben wir
gerechtfertigt zu sein wenn wir, auf eine solche Reihe zum großen
Theile noch unbenützter Quellen gestützt, eine Episode neuerdings zu
schildern versuchen, die für alle Zeiten unter den Ereignissen des
neunzehnten Jahrhunderts ihre bedeutsame Stelle einnehmen wird.

Man hat von napoleonistischer Seite — siehe z. B. Biographie
universelle (Michaud) XXX S. 144 Anm. — die Wahrhaftigkeit
einzelner, zuerst in der Schrift des Grafen Truchseß-Waldburg
vorgebrachter, mitunter allerdings sehr greller Thatsachen anzweifeln
wollen. In den amtlichen Reiseberichten Koller's ist wohl manches
mehr nur angedeutet als in's einzelne ausgeführt; dagegen finden sich
darin manche Züge so eingehend beschrieben wie in gar keinem der
anderen Behelfe, so daß an der vollständigen Richtigkeit der über diese
bezeichnende Episode aus dem Leben des in vieler andern Rücksicht
großen, hier aber unendlich kleinen Napoleon in Umlauf gesetzten
Berichte nicht im mindesten gezweifelt werden darf.

Wenn Hüffer (Ungedruckte Briefe Napoleon's rc. S. 3) so
schön als treffend sagt: trotz aller dunkeln Flecke im Charakter und
im Lebenslaufe Napoleon's bleibe „doch nichts übrig als Gott zu
danken daß jemand unseres Geschlechtes mit so unvergleichlichen Vor-
zügen konnte ausgestattet werden", so ist es ja wohl eben nur diese
Mischung von Licht- und Schattenseiten die erst das vollständige Bild
des Menschen gibt, und gehört insbesondere bei Napoleon diese Kühn-
heit der Ideen, diese gewaltige Macht der Entschlüsse und Thaten, diese

Großartigkeit der Erfolge einerseits, und dann wieder diese ganz unglaubliche Kleinmüthigkeit Feigheit und Gemeinheit andrerseits, gehört, sagen wir, dieses so Verschiedenartige, scheinbar Widersprechende, für eine ideale Auffassung kaum zu Vereinigende, und doch hier in einem realen Charakter thatsächlich Vereinigte, mit zu den Eigenthümlichkeiten des so a u ß e r o r d e n t l i c h e n Mannes.

W i e n, am 7. August 1873.

I.

Die Commiſſäre der Verbündeten.

Nachdem von den alliirten Mächten beſchloſſen war dem Kaiſer Napoleon die Inſel Elba mit den dazu gehörigen kleineren Eilanden als ſouveraines Beſitzthum einzuräumen, handelte es ſich darum, den entthronten Monarchen aus ſeinem früheren Gebiete ſicher zu geleiten und nach Form und Recht in ſein neues Eigenthum einzuführen. Für dieſe beiden Zwecke wurden von den Verbündeten eigene Commiſſäre ernannt, und zwar von Öſterreich F.-M.-L. Koller General-Adjutant im Haupt-Quartier der Verbündeten; von England Oberſt Campbell, von Preußen Oberſt Graf Truchſeß-Waldburg, endlich von Rußland General Graf Paul Andrejevič Šuvalov.

General Koller traf bereits vor Mitte April in Fontainebleau ein, und fand alsbald Gelegenheit ſeine Vermittlerrolle in einer Angelegenheit zu ſpielen auf die wir ſpäter zurückkommen werden. Die Andern kamen in den folgenden Tagen nach, zuletzt der britiſche Commiſſär, am Abend des 16. April. Folgenden Tages nach der Meſſe ließ ſich ſie der Kaiſer vorſtellen, indem er einen nach dem andern in einer Privat-Audienz empfing. Er trug eine alte grüne Uniform mit goldenen Epauletten, blaue Beinkleider und rothe Kappenſtiefel; er ſah vernachläßigt aus, unrafirt, ungekämmt; Refte von Schnupftabak verunzierten feine Oberlippe und feine Bruft. Der ruffifche Bevollmächtigte wurde von ihm wenn nicht freundlich doch höflich angeredet; auch unterließ Napoleon nicht, sich nach dem Kaifer Alexander zu erkundigen, eine artige Phrafe für denfelben einzuflechten. Der nächste an die Reihe kam Koller, mit welchem sich der Kaifer etwa fünf Minuten lang über gleichgiltige Dinge unterhielt. Sichtlich kalt dagegen war feine Haltung gegen den Commiffar des Königs von Preußen, eines Monarchen den er wohl in anderen Tagen aus der Lifte der Souveraine hatte ftreichen wollen und den er nun in der Reihe feiner Überwältiger erblicken mußte. Er frug den Reichsgrafen ob auch preußifche Truppen auf dem Wege feien den man einzufchlagen gedenke. Jener verneinte es. „Aber in diefem Falle follten Sie fich nicht die Mühe nehmen mich zu begleiten!" Als nun Truchfeß erwiederte, „es fei das keine Mühe fondern eine Ehre für ihn", und, da der Kaifer auf feine frühere Rede zurückkam, mit der Bemerkung antwortete, „er würde und könne in keiner Weife auf diefe Ehre verzichten, weil ihn fein König dazu beftimmt habe", entließ ihn Napoleon mit eben fo verdrießlicher als verlegener Miene. Auch in den folgenden Tagen und während der Reife ließ fich Napoleon felten eine Gelegenheit entgehen, wo er dem preußifchen Commiffar feine Misgunft bezeugen konnte. Man war bereits am vierten Tage von Fontainebleau aufgebrochen, befand fich hinter Lyon, als Napoleon eines Tages auf den Grafen zugefchritten kam und ihn fragte, ob er hier in Garnifon liege. „Ach mein Gott, lieber Graf," fagte er, nachdem jener feinen Namen genannt, „wie konnte ich Sie nur nicht gleich wieder erkennen!" Und fich dann zu Koller wendend: „Denken Sie nur daß ich ganz vergeffen hatte daß er zu uns gehört!"[1]) Sollte das in der That ein unbeabfichtigtes Verfehen gewefen fein?...

Nach dem Grafen Waldburg wurde der Vertreter Englands in das Cabinet des Kaisers berufen. Sir Neil Campbell, mit dessen Persönlichkeit wir uns etwas näher befassen wollen, um 1770 geboren, hatte von 1797 bis 1800 Kriegsdienste in Westindien geleistet, von wo er mit dem Lieutenants-Charakter nach Europa zurückgekehrt war. Fünf Jahre später treffen wir ihn, schon zum Major vorgerückt, abermals auf dem Wege nach der westlichen Halbkugel um sich abwechselnd auf den Inseln über, und auf jenen unter dem Winde verwenden zu lassen und dabei 1808 den Rang eines Oberst-Lieutenants zu erringen. Im Jänner 1809 betheiligte er sich an der Unternehmung gegen die französischen Besitzungen auf Martinique, im April darauf an jener gegen die Inselgruppe Les-Saintes. Zu Anfang des Jahres 1810 waren die Franzosen auch von Guadeloupe vertrieben, worauf es in diesem Theile der Erde für England vorläufig nichts weiter zu thun gab und Sir Neil in sein Vaterland zurückging. Aber schon im April 1811 nahm er neue Dienste auf der pyrenäischen Halbinsel, wo man ihm das 16. portugiesische Linien-Infanterie-Regiment anvertraute. Von da an wurde der Name des Obersten in den Berichten Wellington's wiederholt mit Auszeichnung genannt; seine Truppe war bei der Blocade von Almeida, bei den Belagerungen von Ciudad-Rodrigo, von Badajoz, von Burgos thätig und focht ruhmvoll die Schlacht bei Salamanca mit. Diese aufreibende Thätigkeit blieb jedoch nicht ohne böse Folgen für Campbell's Gesundheit, der sich im Jänner 1813 zur Herstellung derselben nach England einschiffte und sich dann eine Zeit lang mit politischen Missionen betrauen ließ, am schwedischen Hofe, im Haupt-Quartiere des Kaisers Alexander. Bald indeß trieb ihn die alte Kriegslust sich dem Armee-Corps Wittgenstein's einzureihen und in dessen Reihen bei der Belagerung von Danzig mitzuwirken. In den letzten Kämpfen auf französischem Boden that er sich besonders bei Fère-Champenoise,

25. März 1814, hervor, wo er an der Spitze einer Abtheilung Cavallerie die Franzosen wiederholt mit Ungestüm angriff bis er im Gewirre durch einen Lanzenstich verwundet, wie es heißt von der Pike eines befreundeten Kosaken, vom Kampfe ablassen mußte. Als er in Fontainebleau eintraf, hatte er noch Verbände am Kopfe und trug den Arm in einer Schlinge.

Napoleon kannte des Obersten Namen wohl. Als sich ihm Campbell jetzt vorstellte, sprach er von seinen Orden, frug nach seinen Blessuren, ließ sich sodann über den spanischen Krieg aus, wußte rühmliches von Wellington zu sagen, von dem Angriff der Engländer auf Bergen-op-Zoom der, wenn auch verunglückt, der Führung und dem Muthe der Truppen alle Ehre mache u. dgl. Als er erfuhr daß Campbell Schotte sei, wendete er das Gespräch auf die Gedichte Ossian's, die er wegen des kriegerischen Geistes lobte der in ihnen herrsche. „Ihre Nation", sagte er, indem er auf die Verhältnisse Englands zu sprechen kam, „ist die größte von allen, sie steht höher in meiner Achtung als die andern alle. Ich war Euer größter Feind, ich bin es nicht mehr. Ich habe die französische Nation auf gleiche Stufe heben wollen, meine Pläne sind gescheitert. Das ist Schicksal!" Er hielt inne, seine Züge verriethen große Bewegung, seine Augen waren feucht. Nach einer Pause sprach er von seiner Überfahrt nach Elba. Er drückte den Wunsch aus, ein englisches Kriegsschiff zum Schutze der französischen Corvette, die ihn aufnehmen sollte, gegen die Angriffe von Seeräubern zu haben, und deutete die Möglichkeit an, daß er es wohl gar zur Überfahrt selbst benützen möchte.

* * *

Die erste Stelle unter den Commissären nahm ohne Frage der österreichische ein, was er weniger der bevorzugten Rolle zu danken hatte die seinem Monarchen in den Reihen der Verbündeten und als

Schwiegervater des entthronten Kaisers zugefallen war, als er sich diesen Vorrang durch den eigenen Werth seiner Persönlichkeit zu erringen wußte.

Franz Koller, am 27. November 1767 zu Münchengrätz in Böhmen von bürgerlichen Ältern geboren, hatte die Schule in Kosmanos und das Gymnasium in Prag besucht, war 1784 als Cadet in das 18. L.=J.=R. Freiherr von Brinken eingetreten und 1790 zum Fähndrich vorgerückt. Das Jahr darauf finden wir ihn mit seinem Regiment im Armee-Corps des F.=M.=L. Karl Freiherrn von Keuhl zur Unterdrückung der im Lüttich'schen ausgebrochenen Unruhen verwendet, 1792 als Lieutenant dem Generalstabe des Obersten Mack zugetheilt, von diesem häufig für Recognoscirungen gebraucht und mit geheimen Missionen betraut. Als Koller am 1. März 1793 bei dem Uebergang der Armee über die Roer besondere Umsicht bekundete, sandte ihn zur Belohnung der kaiserliche Feldmarschall Prinz Coburg mit der Siegesbotschaft nach Wien ab, von wo Koller als Oberlieutenant zur Armee zurückkehrte, um ein paar Jahre später als Adjutant des General-Quartier-Meisters Mack zum Hauptmann im Generalstabe vorzurücken. Sein Glück war damit begründet, und nun stieg er rasch von Stufe zu Stufe: 1800 Major im 9. L.=J.=R. Clairfayt, darauf bei der neu errichteten böhmischen Legion; nach dem Frieden überzähliger Oberstlieutenant im 35. L.=J.=R. Modena, sodann wirklicher im 55. (Stuart, nachmals Reuß-Greitz) in welch letzterem er auf persönlichen Antrag des Erzherzogs Karl im J. 1805 zum Obersten und Regiments-Commandanten befördert wurde. Glänzend rechtfertigte er das in ihn gesetzte Vertrauen als er, selbstständig und muthvoll, sein Regiment der schimpflichen Capitulation von Wertingen zu entziehen und es in Eilmärschen mitten durch verfolgende feindliche Abtheilungen nach Böhmen zu retten wußte, wo sich unter Erzherzog Ferdinand die Armee von neuem sammelte. Den größten

I. Die Commissäre der Verbündeten.

Kriegsruhm und den schönsten Lohn aber brachte ihm der Feldzug von 1809, wo er im Armee-Corps des Prinzen von Hohenlohe die Schlachten bei Abbach und Regensburg mitfocht und an den beiden ewig denkwürdigen Tagen von Aspern entscheidend eingriff. Sein Regiment gehörte zu jenen drei Infanterie-Brigaden, die den furchtbaren Stoß der Reiter-Massen des französischen Generals b'Espagne zu bestehen hatten; Koller überall an den gefährlichsten Punkten, mit Umsicht und Ruhe seine Befehle ertheilend, eiferte noch mehr durch seine Haltung als durch seine Worte die Soldaten zu unerschrockener Ausdauer an, an deren geschlossenen Reihen alle Angriffe des immer von neuem vordringenden Feindes scheiterten. Dem tapfern Koller blieb die verdiente Anerkennung nicht aus. Außer der Tour wurde er zum General befördert, ohne Ordens-Capitel durch Armee-Befehl vom 24. October mit dem Theresienkreuze geschmückt und überdies in die unmittelbare Nähe des Generalissimus gezogen. Beim Wiederausbruch des Krieges im Jahre 1813 nahm ihn der neue Oberbefehlshaber Fürst Schwarzenberg als Feldmarschall-Lieutenant und ersten General-Adjutanten an seine Seite, ein Posten von der einflußreichsten Wichtigkeit, der ihn zugleich in häufige Berührung mit den verbündeten Monarchen brachte.

Koller war eine Persönlichkeit von der in seiner schönsten Bedeutung das Wort gelten konnte: „Selbst ist der Mann". Aus den bescheidenen Verhältnissen einer kleinen böhmischen Landstadt herausgewachsen, ohne Namen und hohe Gönnerschaft, hatte er sich allein die glänzende Laufbahn zu danken welche ihm, seit seinem Eintritt in den Militärdienst als siebenzehnjähriger Jüngling, die höchste Auszeichnung des österreichischen Kriegerstandes, das Theresienkreuz, mit ihr die Erhebung in den erblichen Freiherrnstand, den Feldmarschall-Lieutenants-Charakter, die glänzendsten Orden der Monarchen Rußlands, Preußens, Bayerns zubrachte. Doch ist einem und dem andern seiner Waffengenossen in einer so ereignisvollen Zeit wie jene der französischen Kriege ähnliches gelungen: ihn aber zeichnete noch anderes aus. Er war nicht bloß tapferer Soldat, er war dabei gediegener Geschäftsmann von rascher Auffassung und rastlosem Fleiße; ihm war zugleich der höhere Sinn eigen der ihm mit der getreuesten Erfüllung seiner Pflichten nicht genügen ließ. Während der Friedensjahre von 1809 bis 1813 als Brigadier in Böhmen verlegte er sich auf das Studium der Staatswissenschaften, und so gab es für ihn keine Muße in seinen Berufsgeschäften die er nicht mit geistigen Arbeiten, mit dem Cultus der schönen Künste ausfüllte. Von der Natur mit der beneidenswerthen Gabe beglückt Herzen und Neigungen zu gewinnen, nebst seinem eigentlichen Berufe in den verschiedensten Wissenszweigen heimisch, mit der Kenntnis der verbreitetsten europäischen Sprachen, einem trefflichen Gedächtnisse und einer besonders glücklichen Rednergabe ausgerüstet, seinem elastischen Wesen nach darauf angelegt sich mit Leichtigkeit in alle, auch die ungewohntesten Lagen zu finden, war Koller ganz die Persönlichkeit, selbst einem Manne von Napoleon's großer Geistes- und Willenskraft gegenüber sich zu behaupten, und demselben schon nach kurzem Beisammensein ein Zutrauen und eine Achtung abzugewinnen wie sich dessen keiner der andern Vertreter der verbündeten Mächte zu rühmen hatte.

* * *

Dem Freiherrn von Koller war ein jüngerer Officier beigegeben, dessen Wahl sich als eine kaum weniger glückliche bezeichnen ließ. Hatte sich jener aus minderen Verhältnissen durch eigenen Werth und Fleiß zu so hohem gesellschaftlichen Range emporgeschwungen, so gehörte Karl Graf Clam-Martinic, den ältesten böhmischen Adelsgeschlechtern entsprossen, zu jenen von Geburt aus Bevorzugten die sich damit allein nicht genügen lassen, sondern denen der Trieb innewohnt durch Erwerbung höherer Bildung und reicher Kenntnisse, durch Thätigkeit im Dienste des Staates und Monarchen, den ohne eigenes Verdienst ihnen zugefallenen Vortheilen von Rang und Vermögen den Stempel höherer Weihe aufzudrücken. Am 23. Mai 1792 zu Prag geboren, lag er nach vollendeten Gymnasialclassen den Rechts-Studien ob, als ihn die überschwängliche Begeisterung, die in den ersten Monaten des Jahres 1809 alle Kreise unserer Bevölkerung ergriffen hatte, nicht länger bei Büchern und Collegien-Heften duldete. „Ich würde mich unwerth halten ein Böhme, ein österreichischer Unterthan zu sein", schrieb er am 1. März an seinen Vater, „wenn ich die Erfüllung dieses Wunsches nicht von dir erflehte. Können mein Stand, meine Erstgeburt und dergleichen zufällige Vorzüge dich abhalten mir zu willfahren? Dann müßte ich diese Vorzüge verwünschen, wenn sie mich hindern sollten den patriotischen Entschluß auszuführen den ein armer Bauernknabe, welchen ich in diesem Falle beneiden würde, vollbringen kann!" ꝛc. Der ganze Brief, den die „Wiener-Zeitung" Nr. 27 zum 5. April unter der Rubrik: „Charakterzüge der Vaterlandsliebe und Fürstentreue" wiedergab, machte damals ungemeines und freudiges Aufsehen. So bringender Bitte, vorgebracht in einer Zeit wo alles wie in einem Taumel des Patriotismus schwelgte, mochte der Vater nicht widerstehen, und der siebzehnjährige Graf Karl trat in die Reihen der Armee, die sich aber nach dem bald beendeten Feldzuge jenes Unglücksjahres zu abermaliger Unthätigkeit verurtheilt sah. Erst im Frühling 1812 bot sich neue Gelegenheit das Waffenhandwerk zu üben. Graf Clam wurde dem Haupt-Quartier des Fürsten Schwarzenberg zugetheilt, der in den Sumpfgegenden Wolhyniens jene Feldherrnlaufbahn begann welche ihn anderthalb Jahre später als Oberbefehlshaber an die Spitze der verbündeten Armeen bringen sollte. In der Kriegsgeschichte jener Zeit finden wir den jungen Grafen mit den ehrenvollsten Aufträgen, mit den wichtigsten Missionen betraut. Welch unverdrossenen und umsichtigen Eifer Clam zu entfalten wußte, wenn es die österreichische Waffenehre und die seines allverehrten Feldmarschalls galt, lernen wir aus seiner Thätigkeit in den Tagen nach der unglücklichen Schlacht bei Dresden kennen. Nach der Schlacht bei Kulm ist es Graf Clam der die Siegesbotschaft in das Hauptquartier des Kaisers Franz bringt. Schwarzenberg scheint überhaupt große Stücke auf ihn gehalten zu haben. „Clam ist heute früh von Wrede zurückgekommen, der sich bei Hanau aufstellte um Napoleon den Weg streitig zu machen", schrieb der Oberfeldherr am 1. November 1813 aus Fulda seiner Gemahlin; „Wrede hat sich vortrefflich gehalten; Clam verlor ein Pferd unter dem Leibe"[2]).

Im Jahre 1814 bekleidete Graf Clam den Majors-Charakter, in welcher Eigenschaft wir ihn in Fontainebleau als ersten Adjutanten des F.-M.-L. Koller antreffen.

II.

Vorbereitungen zur Reise.

Die für die Mitte April festgesetzte Abfahrt von Fontainebleau erfuhr manchen Aufschub³). Kaiser Napoleon wünschte eine Abtheilung seiner Garde als Begleitung mitzunehmen; Kaiser Franz erklärte sich bereit, falls ihm diese nicht genügte, ein paar tausend Mann seiner eigenen Elite-Truppen dazu stoßen zu lassen; das lehnte jedoch Napoleon ab: „Um durch Frankreich zu reisen bedarf ich weder meiner Garde noch fremder Bedeckung; ich brauche nur einen britischen Commissar um über die Fahrt durch das mittelländische Meer beruhigt zu sein". Es erging nun ein Aufruf an die Officiere und die Mannschaft der alten Garde, wer den Kaiser in sein Exil begleiten wolle. Es meldeten sich Leute von allen Graden aus denen man eine Auswahl von 800 Mann traf, Soldaten mit Narben und mit Auszeichnungen bedeckt. General Cambronne und Oberst Mallet wurden an die Spitze des neu gebildeten Bataillons gestellt, das am 18. Fontainebleau verließ und dann von Briare nach Auxerre ablenkte, woselbst es die Weisung traf über Lyon nach Savona zu marschiren und sich von da nach Elba einschiffen zu lassen.

Dem Dienste um die Person des Kaisers in seinem künftigen Besitzthum weihten sich: Graf Henri Gratien Bertrand als Oberstmarschall; General-Lieutenant Graf Antoine Drouot, seit dem spanischen Feldzuge von 1808 der stete Begleiter Napoleon's im Felde, „der erste Artillerie-Officier Europas" wie ihn nachmals sein Leichenredner Lacordaire nannte; Oberst Jermanovski als Flügel-Adjutant; die „Capitaines adjudants du palais" Deschamps und Baillon; der kaiserliche Schatzmeister Sieur de la Pehruffe; der Cabinets-Secretär Sieur Rathery, der Arzt Fourreau. Im allgemeinen zeigte die Umgebung des Kaisers große Niedergeschlagenheit, besonders Graf Bertrand der mit der größten Bekümmernis von dem Aufenthalt in Elba sprach. Die Insel sei klein und dürftig, klagte er dem Obersten Campbell, theilweise selbst ungesund von den Ausdünstungen der Sümpfe; sie habe wenig Holz und schlechtes Wasser. Er äußerte Befürchtungen vor einer längern Überfahrt zur See, vor Stürmen die das Schiff verschlagen könnten, vor den algierischen Piraten vor deren Überfällen man selbst auf der Insel nicht sicher wäre. Über diesen letzteren Punkt war er sichtlich beruhigt, als ihm Campbell mittheilte daß er von seiner Regierung den Auftrag habe, so lang auf Elba zu bleiben als es der Kaiser zu seiner Sicherheit für nothwendig finden sollte. Auch Napoleon, wenn er für sich allein war, verrieth einen äußerst verstörten und gedrückten Gemüthszustand. General Koller beobachtete ihn während der Messe welche der Vorstellung der Commissäre am 17. vorherging: Napoleon rieb sich bald die Stirne mit der Hand, bald steckte er einen Finger in den Mund und kaute daran mit Zeichen äußerster Unruhe und Aufregung [1]).

Die ganze Zeit, wo die Commissäre in Fontainebleau weilten, verließ Napoleon das Schloß mit keinem Schritte. Er war fortwährend beschäftigt, Officiere und Boten zu empfangen die von der Armee, aus Paris, aus Rambouillet eintrafen. Er verschenkte und verschickte Bücher, Manuscripte, Waffen, Auszeichnungen, Münzen an Personen seiner Umgebung oder seines Vertrauens. Viel beschäftigte ihn das Schicksal seiner Gemahlin die er nach Elba mitzunehmen wünschte, wie denn ihrerseits Maria Louise sich nichts anderes verlangte als das Exil ihres Gemahls zu theilen. Graf Bertrand mußte eine Note in dieser Angelegenheit an Koller richten der darüber noch am selben Tage, 15. April 4 Uhr NM., eigenhändig an den Fürsten Metternich nach Paris schrieb: „Marschall Berthier hat mir gesagt, der Kayser habe gewünscht Sich von der Kayserin nicht zu trennen, allein Er gäbe mit philosophischer Entsagung der Nothwendigkeit nach. Bertrand sagt aber in seiner Note voraus, daß Napoleon in Gesell=schaft der Kayserin reisen werde, dieser Widerspruch liegt darin, daß der Kayser den General Flahaut nach Rambouillet abgeschickt hat, und von dessen Verwendung erwartet, daß die Kayserin den Entschluß sich vom Kayser zu trennen aufgeben werde"³). Von der Sendung Flahaut's ist uns nichts näheres bekannt; wir wissen nur daß er sich unter jenen befand die am 17. in Rambouillet von Maria Louisen Abschied nahmen; jedenfalls blieb die von Napoleon an diese Da=zwischenkunft geknüpfte Erwartung unerfüllt, da von Seiten des Kaisers Franz so wie von der Metternich's alles in Bewegung gesetzt wurde Maria Louisen ihren anfänglichen Entschluß, mit ihrem Gemahl in Fontainebleau zusammenzutreffen, nicht ausführen zu lassen.

Was die nach Elba einzuschlagende Richtung der Reise betraf, so wünschte Napoleon, dem von jeher das Meer nicht hold war und der bei einer längeren Seefahrt auch körperlich zu leiden fürchtete, so weit als möglich zu Land zu reisen, nämlich über Moulins und Lyon nach Chambery, von da über Parma und Pistoja — „um Bologna und Ferrara zu vermeiden", wie es in dem o. a. Schreiben Bertrand's hieß — nach Piombino, von wo er nur die kleine Strecke bis zur Insel Elba zu Schiff hätte zubringen müssen. „Man würde

Tag und Nacht reisen," schrieb Bertrand weiter. „Der Kaiser wünscht nirgends voraus angemeldet zu werden; er würde die großen Städte bei Nacht passiren und die nöthige Ruhe nur in kleineren Orten nehmen. Der Kaiser bedarf außer dem Geleite der drei Commissäre keiner Bedeckung; die 1500 Mann berittener Garde würden ihn nur bis Briare begleiten wo er sie verabschieden möchte. Nur durch die Apenninen und auf der Seite von Piombino dürfte eine Bedeckung nöthig sein". Sollten sich jedoch, erklärte Bertrand, gegen diese Marschroute Bedenken erheben, so werde sich der Kaiser bequemen nach Saint=Tropez zu gehen, und zwar über Avignon und Aix, indem man stets dafür Sorge tragen wolle die großen Städte nicht bei Tag zu passiren; „auch würde man Anstalt treffen daß die Postpferde jederzeit v o r den Städten in Bereitschaft gehalten werden um keinen Anlaß zu haben sich in denselben aufzuhalten."

In der That wurde im Rathe der Verbündeten — denen alles daran gelegen war Napoleon durch das Festland, dessen Gesinnungen für oder wider ihn man ja noch nicht kannte, auf einem möglichst kurzen Wege zu geleiten — die Veranstaltung beliebt, den Kaiser über Sens, Auxerre und Macon Lyon erreichen und von da über Gap und Sisteron die Richtung nach Saint=Tropez einschlagen zu lassen, ein Beschluß gegen dessen Ausführung Napoleon, sobald er davon erfahren, keine weitere Einsprache erhob"). Nur verlangte er, wie er am 17. April gegen Koller in einer Audienz äußerte, so rasch als möglich reisen zu können. Dazu waren aber allerhand Vorbereitungen vonnöthen mit denen man bisher noch nicht zu Ende war. „Der Bedarf von 65 Wagen= und Reitpferden", schrieb Koller am 17. nach Paris, „sei zu ansehnlich als daß man ohne vorhergetroffene Anstalten auf schnelles Fortkommen rechnen könne. Der Kaiser wünsche demnach, außer dem Post=Officier der vorauszufahren hätte, auch noch einen unmittelbar in seinem Gefolge zu haben der die Reise zu beschleunigen haben würde." Über die Forderungen, die Napoleon hinsichtlich der Überfahrt zur See stellte, berichtete zu gleicher Zeit Oberst Campbell an Lord Castlereagh. Behufs der Reise zu Land wurde von Paris aus der k. k. Hauptmann im Generalstabe Maximilian von Thielen mit einer offenen Ordre des Fürsten Schwarzenberg eilends vorausgeschickt, um in allen Stationen die der Kaiserzug zu berühren hatte die nöthigen Weisungen zu ertheilen, und namentlich in jenen die im Bereich der verbündeten Armeen lagen, dafür zu sorgen daß eine Sicherheits= und Ehrenwache, wo möglich aus einem Bataillon Infanterie oder Jäger, einer Abtheilung Cavallerie und einer reitenden Batterie bestehend, an Ort und Stelle bereit gehalten werde [7]).

Noch andere Anstände gab es. Einmal wegen der dem Kaiser im Vertrage von Paris zugesicherten Dotation; Graf Clam wurde in das Haupt=Quartier der Verbündeten geschickt um diese Angelegenheit in erwünschte Ordnung zu bringen. Andererseits verlangte Napoleon, daß die Commissäre der Verbündeten ihn bis auf die Insel Elba begleiten und zu diesem Behufe mit einer authentischen Vollmacht der provisorischen Regierung versehen sein möchten, die dem Commandanten der Insel auftrüge dieselbe ihrem nunmehrigen Souverain zu überliefern; „selbst auf den Fall als die Regierung hierüber bereits dem gedachten Commandanten directe Befehle zugesandt hätte", heißt es in Koller's o. a. Schreiben vom 17., „wünscht der Kaiser die Commissärs dennoch mit einem gleichlautenden Befehle versehen zu wissen um allen möglichen Anständen vorzubeugen" [*]). Auch die Schlichtung dieses Anliegens scheint Clam bei seiner Reise nach Paris übernommen zu haben.

Koller hielt sich übrigens in seinem Innern überzeugt, daß Napoleon alle diese Anstände nur erhob um seine Abreise von Fontainebleau um einige Tage zu verzögern, was keinen andern Zweck zu haben scheine „als zur Fortschaffung von Bildern, Büchern und an=

dern Kostbarkeiten aus dem hiesigen Schlosse Zeit zu gewinnen".
Mehrere Tage hindurch wurden nämlich bei hundert Fourgons und
Packwagen mit Geld, Meubles, Bronzen, Gemälden, Statuen vollge=
packt womit der Kaiser sein neues Besitzthum ausstatten wollte und
an deren Sicherheit ihm alles gelegen war. Ein Theil dieser Sachen
war schon in den Nächten zuvor, unter militärischer Bedeckung, über
Nemours und Montargis voraus aufgebrochen, denselben Weg sollten
am 18. April die von Orleans eben angekommenen kaiserlichen
Equipagen nehmen und den Kaiserzug in Briare erwarten. Nun
wollte aber auch Napoleon in derselben Richtung nach, und zwar
gleich am 18. Im allgemeinen hatte eine solche Änderung der zuletzt
von den Verbündeten beschlossenen Route manches für sich. Die Fahrt
durch das Burgundische durchschnitt Gegenden die vom Kriege stark
heimgesucht waren, während andererseits die gebirgigen Landstriche von
Gap und Sisteron wegen des geringen Verkehrs auf den dortigen
Straßen wenig Pferde zur Bespannung boten. Nahm man hingegen
den Weg durch das Orleanische, durch Nivernais und Bourbonnais,
so waren das lauter Gebiete welche die letzten Kämpfe unberührt ge=
lassen hatten, abgesehen davon daß diese Strecke die kürzere war.
"Von Lyon aus", schlug Bertrand im Namen seines Herrn weiter
vor, "möge man die Richtung über Valence, Avignon und Aix ein=
schlagen von wo dann Saint=Tropez zu gewinnen wäre." Die Aus=
führung dieses Vorschlages führte aber eine neue Verzögerung herbei,
da die Commissäre diesfalls erst an ihre Höfe berichten mußten, über=
dies auf der geänderten Strecke keine Anstalten seitens der Post ge=
troffen waren [9]). Der Herzog von Vicenza, der sich am 17. April
von Napoleon verabschiedete, übernahm es die bezüglichen Depeschen
nach Paris mitzunehmen und an ihre Adressen zu befördern. Cau=
laincourt empfing auch von Napoleon die Weisung, den Monarchen
mitzutheilen daß er sich, falls nicht alles nach seinen Wünschen geordnet

würde, den Engländern in die Arme werfen wolle. „Das ist eine große Nation", äußerte er zu seiner Umgebung; ich bin überzeugt daß ich dort in Sicherheit wäre und großmüthig würde behandelt werden. Allein", setzte er hinzu, „am Ende werde ich ja auf meiner Insel wie in einer Vorstadt von London sein".

In der Nacht vom 18. zum 19. kam die willfahrende Antwort aus dem Haupt-Quartier der befreundeten Mächte zurück, zugleich mit der Abschrift der von Napoleon verlangten Ordre wegen Räumung der Insel Elba. Doch war er mit dieser letzteren nicht zufrieden, sie war ihm nicht deutlich genug; er befürchtete, man würde die Insel von allem Geschütz und Kriegsbedarf entblößen bevor sie noch in seine Hände gelangte; er erklärte, Fontainebleau nicht früher verlassen zu wollen bevor dieser Punkt nicht in's reine gebracht sei [10]). Die Commissäre sahen sich genöthigt, neuerdings nach Paris zu schreiben.

III.

„Les Adieux de Fontainebleau."

Endlich schien alles soweit im reinen zu sein daß die Abreise des Kaisers auf den 20. April 9 Uhr vormittags festgesetzt werden konnte. Koller zeigte dies in einem im letzten Momente auf's Papier geworfenen kurzen Berichte dem Fürsten Metternich an, und fügte hinzu: „Der Kaiser Napoleon hat heute früh noch den Wunsch geäußert, die Rückkunft des Majors Clam mit der Antwort wegen der angesprochenen Dotation der Insel Elba abzuwarten, ich habe aber diesen Vorsatz durch die Versicherung, daß Graf Clam uns bestimmt spätestens den 21. mit der vom Kaiser sehnlich erwarteten Entscheidung ereilen werde, behoben" [11]).

General Koller scheint diesen Bericht eben mit einem Eilboten nach Paris abgeschickt zu haben, als ihn Napoleon rufen ließ und mit der unerwarteten Erklärung empfing, er werde nicht abreisen; ja er könne, fuhr er aufgeregt fort, aus dem Grunde daß die Alliirten die ihm gemachten Zusagen nicht einhielten, sogar seine Abdication widerrufen; mehr als tausend Depeschen seien ihm in dieser Nacht zugekommen die ihn beschwören die Zügel der Regierung wieder zu ergreifen; er werde sich an seine Garde wenden, und da werde man sehen was alte Soldaten seien. Er sprach von der Falle in die man ihn locken wolle, indem man es offenbar darauf abgesehen habe die Insel Elba vor der Übergabe an ihn von allem zu entblößen, von den Hindernissen die man der Kaiserin in den Weg lege ihm zu folgen. „Der Kaiser von Österreich", rief er aus, „ist ein Mann ohne Gewissen der die Ehe seiner Tochter trennen will; Kaiser Alexander hat ihr die Regentschaft genommen und sie dann, wie zum Hohne, in Rambouillet besucht, ja sogar den König von Preußen mitgeschleppt". Als Koller sich hier erlaubte einzuwenden, diese Besuche seien nicht zum Hohn geschehen sondern Acte der Höflichkeit gewesen, wollte dies Napoleon höchstens für Alexander gelten lassen, niemals aber für Friedrich Wilhelm der ihm, wie aus jeder seiner Äußerungen hervorging, in die Seele verhaßt war [12]). Er kam nun auf alles mögliche zu sprechen, wobei er sich mit großer Leidenschaftlichkeit über das Verhängnis ausließ das ihn getroffen. Als Koller einwendete, wie es ja doch kaum dreiviertel Jahre früher nur in seiner Hand gelegen habe sein Schicksal ganz anders zu gestalten, er meinte die Verhandlungen in Prag im Sommer 1813, wurde Napoleon nachdenklich und sagte: „Was wollen Sie, ich habe mich zu jener Zeit in Träumen gewiegt! Ist es nicht erlaubt manchmal zu träumen? Ich bin davon zurückgekommen!" Dann beklagte er sich man habe ihm damals nicht mehr als zwölf Tage Zeit gelassen — was übrigens nicht richtig war, denn die Unterhandlungen schleppten sich mehr als vier Wochen fort —, worauf Koller bemerkte, man habe zu oft die Erfahrung gemacht daß Er Unterhandlungen nur dazu benützt habe um neue Kräfte zur Fortsetzung des Krieges zu sammeln. „Ist List im Kriege erlaubt, warum sollte sie es nicht auch bei Verhandlungen sein?" rief der Kaiser. „Was übrigens den Prager Congreß betrifft, so gestehe ich daß ich mich auf Eure Rechnung getäuscht habe; ich habe Euch für das gehalten als was ich Euch bei früheren Gelegenheiten kennen gelernt, und Ihr hattet Euch inzwischen zu Eurem Vortheil verändert!" Es gelang dem österreichischen Bevollmächtigten, Napoleon so weit zu beschwichtigen daß dieser sagte: „Wohlan denn, ich will noch einmal meinem Versprechen treu bleiben; aber wenn ich neuen Grund finde mich zu beschweren, werde ich mich als entbunden von allem ansehen was ich zugesagt habe". In diesem Augenblicke trat der kaiserliche Flügel=Adjutant Graf Bussy ein, um im Auftrage des Oberstmarschalls zu melden, es sei alles zur Abreise bereit und bald eilf Uhr. „Oho", rief Napoleon, „kennt mich etwa der Herr Oberstmarschall nicht? Seit wann ist es in Übung daß ich mich nach seiner Uhr zu richten habe? Ich werde abreisen wann es mir beliebt, und vielleicht beliebt es mir gar nicht!" ... Er knüpfte den Faden des Gespräches von neuem an. Er suchte Koller zu überzeugen in was für eine gefährliche Lage sich Österreich durch sein neuestes Bündnis mit Rußland und Preußen gebracht habe; Frankreich sei der natürliche Verbündete Österreichs, während es von Rußland umschlungen und erdrückt werde. „Sire", warf Koller ein, „man pflegt unmittelbare Gefahren näher in's Auge zu fassen als entfernte Befürchtungen". Napoleon stutzte über diese ungeschminkte Rede: „Ich achte Sie wegen des Freimuths Ihrer Bemerkungen. Wenn Sie gegen Ihren Monarchen mit gleicher Offenheit handeln, muß ich Sie für einen unschätzbaren Diener halten. Ich war nicht so glücklich solche zu besitzen". Er kam auf die Ereignisse der letzten Monate zu sprechen, auf die Anerbietungen von Frankfurt a. M., auf den Congreß von Chatillon, auf die Bourbons. „Worüber sich Napoleon am meisten ereiferte", berichtete Koller dem Fürsten Metternich, „war daß Graf Artois die Ihm abgenommenen Millionen Sich zueignet, worüber die Truppen, besonders die Garden, sehr unzufrieden sind, weil man ihnen hier glauben machte Napoleon habe diese Summen zur Bezahlung des rückständigen Soldes bestimmt, und itzt sei der König, selbst gegen den Willen der provisorischen Regierung, entschieden dieselben für sich zu behalten. Vous verrez, sagte Er, qu' avec ces dispositions-là, les Bourbons ne se soutiendront pas!" Wir können leider nicht das ganze mehr als anderthalbstündige Gespräch, die vielen charakteristischen Äußerungen, die eigenthümlichen Gedankensprünge Napoleon's, dann wieder die mancherlei Aufschneidereien im Style seiner Bulletins, hier anführen ¹³). Das hatte die Unterredung mit ähnlichen, die Napoleon in Zeiten bedeutungsvoller Wendungen in seinem Geschicke zu führen pflegte, gemein daß er die ganze Zeit fast allein sprach, dem Gegenüberstehenden nur wenige Momente der Unterbrechung gönnend. Koller besaß Tact genug um solche Momente herauszufinden, rasch zu ergreifen und geschickt für seine Zwecke zu benützen. So knüpfte er auch jetzt an die rückblickende Rundschau Napoleon's auf die jüngsten Wechselfälle Bemerkungen an, die den entthronten Kaiser daran mahnten wie oft es seit August des verflossenen Jahres in seiner Hand gelegen habe seinem Schicksale einen ungleich günstigeren Ausgang zu bereiten, und wie sehr er jetzt wieder zu befürchten habe alle durch den Vertrag vom 11. April ihm zugestandenen Vortheile auf's Spiel zu setzen, wenn er mit seiner Abreise unbegründete Weitläufigkeiten mache und seinerseits zu erfüllen säume was die Verbündeten von ihm erwarten müßten. „Sie wissen sehr wohl daß ich mein Wort niemals gebrochen habe!" sagte Napoleon zuletzt, indem er den General verabschiedete. Darauf ließ er den Obersten Campbell kommen, dem er abermals seinen Plan entwickelte sich, wenn es die Mächte zu arg mit ihm trieben, England in die Arme zu werfen; dann Suvalov und Truchseß, mit denen er von gleichgiltigen Dingen sprach, und erklärte sich endlich zur Abfahrt bereit.

Es war nahezu Mittag ¹⁴) als Napoleon über die Marmortreppe des Schlosses von Fontainebleau in den großen Hof hinabstieg, wo die alte Garde in Schlachtordnung aufgestellt war, während die äußern

Zugänge von herbeigeströmten Bewohnern der Stadt und Umgegend besetzt waren. Der Kaiser ließ die Trommel rühren, die Generale und Officiere einen Halbkreis um ihn bilden, trat vor die Garde hin und redete, sichtlich ergriffen und von seinem Gegenstande fortgerissen, seine bewährten Waffengenossen an: „Er sage ihnen Lebewohl! Durch zwanzig Jahre habe Er sie brav und treu gefunden, Er danke ihnen für die edle Aufopferung die sie unter den bedrängten Umständen der letzten Tage bewiesen! Aber ein Theil der Armee sei seinen Pflichten untreu geworden, die Verbündeten hätten ganz Europa gegen Ihn in die Waffen gerufen, die Befreiung der Hauptstadt sei unmöglich geworden. Wohl habe Er, mit drei Viertheilen des Heeres die ihm ausdauernd anhingen, den Krieg noch drei Jahre fortsetzen können, aber das Gebiet ihres schönen Vaterlandes würde dadurch in eine Wüste verwandelt worden sein; und würde man selbst um diesen Preis haben hoffen können ganz Europa mit Erfolg die Spitze zu bieten? So habe Er denn, nur das Wohl Frankreichs im Auge, das Opfer all seiner Rechte und persönlichen Interessen auf den Altar des Vaterlandes niedergelegt, dessen Glück und Ruhm das Ziel seines Lebens gewesen. Er habe Seinem Dasein ein Ende machen können, doch Er wolle leben — leben für sie! Er wolle es in den Büchern der Geschichte aufzeichnen was durch sie Großes geschehen sei. Sein einziger Trost werde sein, in der steten Kenntnis von allem zu sein was Frankreich noch ferner für den Ruhm seines Namens verrichten werde." Hier winkte er den General Jean Martin Petit herbei welchen er auf beide Wangen küßte, und ließ sich die Adler der Garde heranbringen die er mit Inbrunst an sein Herz drückte. „Ich kann Euch nicht alle umarmen", rief er mit bewegter Stimme, „aber ich umarme und küsse Euren General und Eure Adler die Euch geführt haben in der Gefahr und in Tagen des Ruhmes. Lebet wohl! Meine Wünsche werden Euch stets begleiten. Bewahret Mir eure Erinnerung!" [15])

Der Auftritt war im höchsten Grade ergreifend, Thränen floßen über die wettergebräunten Backen der ältesten Soldaten, die Generale und Officiere drängten sich um den Kaiser ihm die Hände, den Rock, ein Stück von seinem Kleide zu küssen. Selbst die Commissäre der Verbündeten, unmittelbare Zeugen dieses ganzen Vorgangs, konnten eine tiefe Bewegung nicht bergen. „Das ist wohl eine sehr rührende Scene", soll Campbell ausgerufen haben, „und würdig dieses großen Mannes!" [16])

Der Augenblick der Abreise war gekommen. Hinter einer kleinen Abtheilung Garde-Cavallerie fuhr General Drouot mit seinen Officieren in einem viersitzigen geschlossenen Wagen dem Zuge voran; der Kaiser bestieg den zweiten, ihm zur Seite der Oberstmarschall; nach einer größeren Abtheilung Reiterei, 50 bis 60 Mann, folgten sodann Koller, Šuvalov, Campbell, Truchseß, der Adjutant Šuvalov's, jeder in seiner Kutsche; zuletzt das Gefolge des Kaisers. Als Koller im Begriffe war einzusteigen, umringten ihn die Officiere der Garde und schloßen ihn in die Arme indem sie sprachen: „Leben Sie wohl, werther Kamerad! Tragen Sie Sorge für unseren geliebten Kaiser! Geleiten Sie Ihn wohlbehalten in Sein Exil! Wir werden Ihnen ewig dafür dankbar sein!"

Bald nach der Abfahrt des Kaisers sah man Maret, die Generale Belliard, Korsakowski, Ornano, die Obersten Bussy, de la Place, den Kammerherrn Turenne, welche bis zum letzten Augenblicke um die Person Napoleon's geblieben waren, jetzt Fontainebleau, in der entgegengesetzten Richtung die jener genommen, verlassen. Auch der Mameluk Rustan und Napoleon's erster Kammerdiener Constant kehrten, nachdem sie auf Rechnung ihrer Dienste sich noch ansehnliche Summen hatten auszahlen lassen, nach Paris zurück. General Lefevre-Desnouettes war dem Kaiser nach Nevers vorausgefahren um sich dort erst von ihm zu verabschieden.

IV.

Von Fontainebleau bis über Lyon.

Auf der ersten Strecke der Reise wurde der Kaiser von der reitenden Garde begleitet [17]). Das erste Nachtlager war in Briare; Napoleon soupirte allein. In Briare stieß man auf die vorausgegangenen schweren Staats-Carrossen und einen Zug mit Fourgons und Handpferden, die nun nach Wunsch des Kaisers über Auxerre nach Lyon gehen sollten. Am 21. vor dem Aufbruch ließ Napoleon den Obersten Campbell zu sich bitten, lud ihn zum Frühstück ein und besprach mit ihm die Überfahrt zur See. Als er unter den Admirälen die im mittelländischen Meere commandirten den Namen Sidney Smith's vernahm, stutzte er zuerst, dann gab er sich in's Lachen und erzählte Sir Neil die Begegnung die er mit dem Sonderling während seines Feldzuges in Syrien gehabt. Dann kam die Rede auf den letzten Krieg, auf die Übergabe von Paris, auf die Feigheit des Senates der nicht bedacht habe daß „200.000 Bajonette" hinter den Verbündeten standen. „Ich kenne die Vorsicht des Fürsten Schwarzenberg", fuhr Napoleon fort; „er würde unter solchen Umständen sich in Paris festzusetzen nie gewagt, sondern sich auf den Montmartre zurückgezogen haben". Er, Napoleon, würde sodann die Verbündeten

angegriffen und beschäftigt, mittlerweile die Bevölkerung der Hauptstadt in Waffen gerufen, Zuzüge vom Lande abgewartet haben ꝛc. „All das", setzte er hinzu, „wäre mir möglich gewesen zu thun. Doch ich wollte Frankreich in keinen Bürgerkrieg stürzen; ich brachte lieber das Opfer meiner Rechte, als noch mehr Unglück über das Land" [18]..
„Doch es ist Zeit aufzubrechen", schloß er, und machte sich reisefertig. Man kam durch La Charité und spät abends nach Nevers wo eine Division der französischen Armee in Cantonirung lag. Abermals speiste Napoleon ohne Gesellschaft; es schien sein ganzer Stolz erwacht zu sein, der ihn seine Reisebegleitung, insbesondere die fremden Commissäre, in eine gewisse ehrfurchtsvolle Entfernung bannen hieß.

An dieser Stimmung hatten unläugbar die Erfahrungen der beiden letzten Tage großen Antheil. Der Empfang nämlich, den der Kaiser fast in allen Orten die man durchfuhr oder wo man sich einige Zeit aufhielt bisher gefunden, war ein ungemein günstiger, ja stürmisch begeisterter gewesen, während die an der Menge vorbeifahrenden Vertreter der fremden Mächte allerhand böse Bemerkungen hören mußten als ob sie allein an der jetzigen Lage des Kaisers Schuld wären. Mitunter verstiegen sich diese Ausbrüche des Unwillens zu ganz unverblümten Schimpfworten die man den Commissären an den Kopf warf, und selbst zu Drohungen so daß die Behörden begütigend einschreiten mußten; in Nevers fand man für nöthig die Nacht hindurch Streifwachen die Runde machen zu lassen um Ausschreitungen vorzubeugen. Freilich waren diese Kundgebungen weder allgemein [19] noch, wo sie stattfanden, immer freiwillig; die Soldaten der Napoleon begleitenden Garde trieben die Leute dazu an, hinderten sie die weiße Cocarde aufzupflanzen oder sonstigen Ausbrüchen von Zustimmung zu der eingetretenen neuen Lage der Dinge sich hinzugeben. Napoleon mußte das entweder nicht oder gab sich den Schein es nicht zu wissen, sondern betrachtete jene Freuden- und Mißfallens-Bezeugungen, die sich größtentheils vor den Fenstern seines Absteige-Quartiers abspielten, mit einer Genugthuung die von einer gewissen Schadenfreude nicht frei war. „Ich war gewöhnlich in seinem Zimmer", berichtete Koller, „als das versammelte Volk unter seinem Fenster mit Ungestüm vive l'Empereur schrie; Er beobachtete genau welchen Eindruck das auf mich mache; einige declamirten sogar ganze Reden in welchen sie die Ungerechtigkeit auseinandersetzten daß man der Nation wider ihren Willen einen König aufbringe, einen geliebten Kaiser entführe, die Kaiserin und ihren Sohn aber mit Gewalt entferne. Der Kaiser sagte jedesmal: Vous voyez comme la volonté de la nation se prononce; oder: Suis-je aussi abhorré en France que les papiers publics le font à croire? Ich erwiederte daß vor zwanzig Tagen das ganze Land diese Gesinnungen äußerte und daß diese Ostentationen dann plötzlich eine ganz andere Gestalt angenommen hätten; daß dieser durch die Anwesenheit der Garde nothwendig herbeigeführte Empfang nicht wohl geeignet sei über die Stimmung der Nation abzusprechen, und ich sei überzeugt daß dieselbe Versammlung in einem Augenblick darauf den König mit nicht minderer Anhänglichkeitsbezeugung empfangen würde. Er sagte: Sie haben Recht, die Franzosen sind ein leichtsinniges charakterloses und launiges Volk!"

Die Auffassung Koller's sollte sich nur zu schnell bestätigen. Am andern Morgen über Nevers hinaus verließ die reitende Garde den Kaiser, bei Villeneuve sur Allier kehrte die letzte Abtheilung derselben um, und mit einem Schlage hatte es mit den freundlichen Kundgebungen ein Ende; ja Napoleon schien jetzt sogar gegentheilige zu besorgen, denen er nicht gesonnen war die Stirne zu bieten. Man kam nach Moulins, wo der Kaiser speisen wollte; als er aber lauter weiße Cocarden und viel versammeltes Volk gewahrte, ließ er weiter nach La Pacaudière fahren um dort die versäumte Mahlzeit einzunehmen. Hier sah es nicht besser aus als in Moulins, und nun ging es weiter nach Roanne, auf welcher Strecke Major Clam mit den von Napoleon so sehnlich aus Paris erwarteten Papieren den Kaiserzug einholte. In Roanne, wo man nachts um zwei Uhr ankam, wurde Rast gemacht; eine Abtheilung Österreicher von der Lyoner Armee des Erbprinzen von Hessen-Homburg, von welcher die Stadt besetzt war, bot Schutz gegen jede Gefahr die Napoleon nun bereits ernstlich zu fürchten begann.

Zunächst war es Lyon das ihm Besorgnisse einflößte. „Er hat den Wunsch geäußert", schrieb Koller nach Paris [20]), „daselbst alle Versammlungen und alles Aufsehen zu vermeiden". Bekanntlich hatten sich, in der Zeit da Napoleon nach seiner Abdankung in Fontainebleau verweilte, dunkle Gerüchte von einem Selbstmordversuch des gestürzten Kaisers verbreitet, und im Haupt-Quartier der Verbündeten so wie unter den Commissären scheinen Einige jenen Gerüchten so viel Glauben beigemessen zu haben, daß sie besorgten Napoleon möchte wohl auf seiner Reise einen solchen Versuch wiederholen. Offenbar bezog es sich auf diesen Umstand wenn Koller beifügte: „Überhaupt darf ich Ew. Durchlaucht versichern, daß die Besorgnisse, welche meine Reisegefährten äußern und welche Ew. Durchlaucht wahrscheinlich aus den Mittheilungen ihrer Berichte entnehmen werden, bei weitem überspannt sind. Die Besorgnis für Seine Selbsterhaltung ist jetzt gewiß das einzige und herrschende Motiv aller Handlungen des Kaisers". Um die Bedenklichkeiten Napoleon's bezüglich Lyons zu beschwichtigen, sandte Koller den Grafen Clam mit der Weisung dahin voraus, Anstalten zu treffen daß der Kaiser die Stadt unbemerkt passiren könne.

Auch wegen des Gepäckes gab es einen kleinen Meinungskampf. Napoleon sprach den Wunsch aus, mindestens einen Theil seiner Bagage über Land bis Piombino gehen zu lassen, was ihm Koller mit der Bemerkung ausredete, von Seiten der Verbündeten könne man für die Sicherheit der Sendung nur auf der Route Grenoble-Gap

stehen. „Wir gewinnen dabei", bemerkte Koller dem Fürsten Metter=
nich, „daß die Bagage, die Ihm ganz außerordentlich am Herzen liegt,
gleichsam als Unterpfand noch acht Tage nach seiner Ankunft in
Saint=Tropez in unsern Händen bleibt". Koller versah den Wagenzug
mit einer Bedeckung österreichischer Reiterei und commandirte dazu den
„sehr verläßlichen" Hauptmann vom Generalstabe Vincenz Ritter
von Hartlieb, den er für alle Fälle instruirte.

Am 23. April vormittags wurde von Roanne aufgebrochen.
Um vier Uhr nachmittags kam man durch Tarare, eine Industrie=
Stadt deren Bewohner sich dem scheidenden Kaiser günstig bezeigt zu
haben scheinen. „Was wird aus uns werden", sollen Einige gerufen
haben, „unter einer von dem Einflusse Englands beherrschten Re=
gierung?" Und Andere: „Erhalten Sie sich uns! Es wird kein
Jahr vergehen und Sie werden nach Frankreich zurückkehren!"[21])
Ungefähr zwei Wegstunden vor Lyon wurde Halt gemacht und in dem
kleinen Dorfwirthshause von Savigny das Souper eingenommen; der
Kaiser speiste jetzt nicht mehr allein wie in Briare und in Nevers, auch
nicht in Gesellschaft des Oberstmarschalls wie in Roanne, sondern mit
allen Personen seiner Reisebegleitung, und wir werden ihm kaum
unrecht thun wenn wir diese Änderung im Ceremoniel mit seiner
wachsenden Besorgnis über die Stimmung der Bevölkerung in den
Gegenden, deren Durchreisung bevorstand, in Zusammenhang bringen.
Es war Nacht als man durch Lyon kam. Erbprinz von Hessen=
Homburg hatte umfassende Vorbereitungen getroffen, die Garnison
war in Bereitschaft; dennoch war es, da das Gerücht von der be=
vorstehenden Durchreise Napoleon's die Gemüther seit mehreren Tagen
in Aufregung erhalten hatte, nicht zu vermeiden daß sich hier und da
Gruppen bildeten, aus denen, sobald der Kaiserwagen vorbeikam,
Rufe: Vive le Roi! A bas Napoléon! aber auch einzelne: Vive
l'Empereur! zu vernehmen waren[22]). Von Lyon trennte sich Oberst

Campbell von der Reisegesellschaft, um nach Marseille vorauszugehen und dort die von Napoleon gewünschten Anstalten für die Fahrt zur See zu treffen.

Es wurde die ganze Nacht hindurch gefahren, bei Tagesanbruch des 24. April Rast in einem Wirthshause des Dorfes Péage-de-Roussillon gemacht. Sodann ging es wieder fort auf der Straße nach Valence. Während der Reise an diesem sowie an dem vorausgegangenen Tage ließ Napoleon, der das Bedürfniß zu haben schien seinen unermüdeten Geist im Gedankenaustausch mit Andern zu beschäftigen, wiederholt den General Koller zu sich rufen mit dem er Gespräche führte über deren Einzelnheiten wir leider nur unvollkommen unterrichtet sind. Die amtlichen Berichte Koller's konnten sich begreiflicherweise in ein solches Detail nicht einlassen; sie erwähnen nur kurz die Gegenstände die Napoleon da zur Sprache brachte: die großen politischen Ereignisse des Tages, das System das die österreichische Regierung angenommen, die Fehler die es nach Napoleon's Auffassung dabei begangen, „einige sehr wichtige Entdeckungen die Er in den aufgefangenen Schriften des schwedischen Gesandten gemacht habe" ꝛc. und der Schreiber behält sich vor das nähere mündlich nach seiner Rückkunft mitzutheilen. In der Gesellschaft mit den Commissären war er gesprächig, mitunter aufgeräumt; er konnte sogar über seine jetzige Lage scherzen. Eines Tages setzte er ihnen mit der ihm eigenen Lebhaftigkeit die verschiedenen Stufen auseinander, die er während seiner fünfundzwanzigjährigen Laufbahn zurückgelegt. „Am Ende der Rechnung habe ich dabei nichts verloren", setzte er launig hinzu; „ich habe die Partie mit einem Thaler zu 6 Francs in der Tasche begonnen und ziehe mich, reich genug, aus dem Spiele" [23].

V.

Die Begegnung mit dem Marschall Augereau.

Auf halbem Wege zwischen Tain und der Jsère kam dem Kaiserzuge eine sechsspännige Equipage mit zwei Vorreitern entgegen, die, als sie nahe war, anhielt. Aus der von Valence kommenden Kutsche stieg der Marschall Augereau Herzog von Castiglione mit seinen drei Adjutanten aus und trat an den Wagen Napoleon's heran. Dieser ließ nun gleichfalls halten, stieg hastig heraus, zog seinen Hut, nahm den Marschall unter den Arm und führte ihn beiseite. „Wohin bist du auf dem Wege?" frug Napoleon den Marschall; „etwa an den Hof?" „Vorläufig nur nach Lyon", antwortete Augereau. Beide schritten dann auf der Straße wohl eine Viertelstunde lang auf und ab, Napoleon sprach lebhaft und heftig, der Marschall machte mehr den Zuhörer und wechselte nur von Zeit zu Zeit in der Rede ab, wobei er den Kaiser, wie dieser ihn, dutzte.

Die Parteigänger Napoleon's beschreiben den Inhalt des Gespräches so: Der Kaiser habe dem Marschall die Langsamkeit seiner Bewegungen, seine Fahrlässigkeit vorgeworfen, so wie daß er mit einer so schönen Armee Lyon habe aufgeben können (Augereau hatte sich von Bianchi und dem Erbprinzen von Homburg aus seinen Stellungen bei Macon und Lyon herausdrängen lassen und am 11. April mit dem letztern einen Vertrag abgeschlossen der die Österreicher zu Herren der Stadt und des Gebietes machte). Der Marschall, fahren jene fort, sei bei dieser Rede erblaßt, seine Stimme unsicher geworden, er habe schwache Entschuldigungen vorgebracht, die traurige Wendung beklagt welche die Dinge zu Gunsten der Bourbons genommen; „er habe eine Regentschaft erwartet, es sei unmöglich für jeden Soldaten von Ehre, für jeden Franzosen, sich unter das neue eiserne Scepter zu fügen; er werde sich auf das Land zurückziehen bis ein neuer Umschwung, der nicht lang auf sich könne warten lassen, die Nationalpartei wieder zum Leben rufen werde". Als der Marschall den Kaiser zu dessen Wagen zurückbegleitete, habe er sich mit Thränen im Auge die Gunst erbeten ihn umarmen zu dürfen, und Napoleon habe geglaubt einem alten Kriegsgenossen diese Freundschaftsbezeugung nicht verweigern zu sollen . . .

Diese sichtlich in napoleonischem Lichte gehaltene Darstellung läßt sich schwer mit dem vereinigen was wir von kälteren und unbetheiligten Beobachtern vernehmen. Als der Wagen des Kaisers anhielt, war natürlich auch den Andern Stillstand geboten. Die Commissäre mit ihrer Begleitung stiegen gleichfalls aus und bildeten in einiger Entfernung mit den Officieren des kaiserlichen Gefolges eine Gruppe, die zwar von dem Gespräche Napoleon's und Augereau's nichts vernehmen konnte, aber um so eifriger die Haltung und die Mienen der Beiden in's Auge nahm. General Koller faßte seine Wahrnehmungen in die wenigen Worte zusammen: „Augereau benahm sich auffallend kalt und ohne alle Achtung, beim Abschied sogar mit deutlich ausgesprochener Geringschätzung gegen den Kaiser". Ausführlicher ließ sich Graf Truchseß über diesen Auftritt aus: Nachdem die Beiden lang mit einander gesprochen, wobei Augereau dem Kaiser Vorwürfe über dessen ungemessene Eroberungssucht gemacht haben soll, habe sich Napoleon plötzlich gegen den Marschall gewandt, ihn umarmt, den Hut gezogen und sei dann in den Wagen gestiegen; Augereau dagegen die Hände auf dem Rücken habe an seine Mütze nicht gerührt und, erst als Napoleon eingestiegen war, seine Rechte hervorgezogen um dem Kaiser, fast mit wegwerfender Geberde, eine Art Lebewohl zuzuwinken; er sei darauf zu seinem Wagen zurückgegangen und, nachdem er im Vorbeigehen die Commissäre höflich gegrüßt, in der Richtung von Lyon weiter gefahren [24]).

Napoleon scheint zur Zeit jenes Zwiegespräches noch keine Kenntniß von der Proclamation gehabt zu haben, die Augereau einige Tage früher an seine Truppen erlassen hatte und worin er diese aufforderte dem Könige den Eid der Treue zu leisten, seines letzten Gebieters dagegen in der ehrenrührigsten Weise gedachte. Als man etwa nach einer Viertelstunde an das Ufer der Isère kam wo die Wagen wieder verlassen werden mußten, trat der österreichische Commissar den Kaiser an und drückte ihm seine Verwunderung über die herzliche Weise aus mit der er den Marschall empfangen und sich von demselben verabschiedet hatte; und nun theilte Koller, was er selbst erst einen Tag früher erfahren hatte, dem Kaiser mit, in welch schmählicher Weise sich Augereau von ihm losgesagt habe; er zog dabei einen Abdruck der Proclamation aus seiner Tasche und händigte sie dem Kaiser ein, der nun seine tiefe Entrüstung über den Verrath eines Kriegsgenossen aussprach der unter ihm durch eine Reihe von zwanzig Jahren zu Ehren Würden und Reichthümern gelangt war. „Ja die Menschen sind schlecht", sagte er mit Bitterkeit, „aber ich kann mir das Zeugniß geben daß ich sie nach diesem Maßstabe behandelt habe".

VI.

Buonaparte mit der weißen Cocarde der Bourbons.

Die Jsère wurde übersetzt. In Valence konnte sich Napoleon ein letztesmal wohlwollender Demonstrationen erfreuen. Mehrere französische Regimenter von dem Armeecorps Augereau's, in Schlachtordnung aufgestellt, empfingen ihn mit militärischen Ehren; Generale, Oberste, Officiere, obgleich mit weißen Cocarden geschmückt, traten ehrerbietig an den Schlag seines Wagens wo er sich mit ihnen längere Zeit unterhielt; die Cavallerie wollte sich's nicht nehmen lassen dem Kaiser das Geleite zu geben.

Gegen Abend wurde in Montélimart Halt gemacht. Es gewährte Napoleon einige Genugthuung, Koller die Adressen zu zeigen die er aus den Reihen der Armee des Herzogs von Caftiglione erhalten. „Sie sind ein Mann von Ehre", sagte er, „und werden die Leute deren Namen Sie hier lesen nicht unglücklich machen". Doch war das eine kurze Freude für ihn. Was man ihm von den untern Gegenden hinterbrachte, klang besorgnißerregend genug. Der Unter-Präfect der ihm seine Aufwartung machte schilderte ihm die gefährliche Stimmung die im Gebiete von Avignon herrsche; Agenten der provisorischen Regierung hätten das Volk gegen ihn verhetzt. Andere Bürger die man befragte, so wie Reisende die von Süden kamen, bestätigten die Aussagen des Beamten: „In Marseille wo der Frieden proclamirt worden habe man das dreifarbige Banner heruntergerissen, das Standbild des Kaisers zertrümmert; die Engländer seien im Triumph in die Stadt gezogen; ein Comité habe sich gebildet, dessen Glieder vor einem Verbrechen nicht zurückscheuen würden" 25).

Noch von einer andern Seite kamen Napoleon Mahnungen zu. Am selben Tage hatten seine von Briare vorausgegangenen Equipagen Avignon passirt, aber in welcher Weise! Die Führer des Zuges, bei Zeiten gewarnt vor der in der Stadt herrschenden aufgeregten Stimmung, hatten von den Wagen so wie von ihren Kleidern alle kaiserlichen Abzeichen entfernt, dafür weiße Cocarden und bourbonische Lilien, wo sich nur derlei anbringen ließ, aufgesteckt, dabei Geld unter den Pöbel ausgeworfen und mit diesem um die Wette geschrien: Vive le roi, vive Louis 18, à bas Napoléon, à bas nicolas! Es war eine entwürdigende Verstellung, die aber, als durch die Noth geboten, dem Kaiser von seinen eigenen Leuten hinterbracht wurde. Von vielen Seiten beschwor man ihn jetzt, statt durch Avignon zu gehen, die Richtung über Gap und Sisteron einzuschlagen 26). Allein das war, da auf jener Straße keine Anstalten für die Weiterbeförderung getroffen waren, auch sich so leicht kaum treffen ließen, nicht mehr ausführbar; es wurde darum beschlossen, die gefährliche Stadt wo möglich bei Nacht zu passiren.

Um 11 Uhr nachts wurde von Montélimart aufgebrochen. So wie man das Gebiet der Provence betrat, gab es böse Zeichen. In tiefer Nacht kam man durch das Dorf Mornas, Departement Vaucluse; doch waren alle Häuser erleuchtet, die Bewohner standen vor den Thüren, lautes Geschrei: A bas le tyran, vive le Roi! gellte den Durchfahrenden in die Ohren. Zwei Uhr morgens kam man

durch Orange, dasselbe Schauspiel. Erst gegen 6 Uhr am 25. April war man bei Avignon[27]). Eine Strecke vor der Stadt standen die Postpferde, um sie herum Massen von Leuten die nur darauf zu warten schienen ihrem Ingrimm Luft zu machen. „A bas nicolas, le tyran, le coquin, le mauvais gueux", und noch viel ärgere Titel, und dann wieder: „Vive le Roi, vivent les Alliés, nos libérateurs!" Die wüthendsten aus dem Haufen, Weiber vor allen, drängten sich an den Wagen Napoleon's, drohten ihm, schrieen ihm ihre Schimpfworte in die Ohren, die dann die Menge im Chor nach=
brüllte. Selbst Steine flogen gegen die Kutsche. Seinen Jäger, der auf dem Bocke saß, wollte man zwingen „vive le roi" zu rufen, und einer der keckſten ſtürzte, als jener ſtumm blieb, mit dem Säbel auf ihn los. Man fiel ihm indeſſen in die Arme und der Wagen, deſſen Pferde in aller Eile umgeſpannt waren, rollte blitz=
ſchnell davon, auf einer um die Stadt herumführenden Straße, ſo daß ihm die andern Kutſchen erſt eine gute Viertelſtunde hinter Avignon nachkamen. Auf der ſchönen Brücke von Bonpas überſetzte man die Durance. Die Stimmung der Bevölkerung war überall die gleiche, ſelbſt einzelne auf der Straße Entgegenkommende riefen dem Kaiſer=
zuge entweder einen Schimpf auf Napoleon oder ein Lebehoch für den König zu. Den ärgſten Auftritt aber gab es im Dorfe Orgon, Bouches=du=Rhone, etwa 1 Uhr NM. Gerade an der Stelle wo die Pferde zum Umſpannen in Bereitſchaft ſtanden hing eine Strohpuppe welche Napoleon vorſtellen ſollte, beſchmutzt und mit Blut beſpritzt, an einem mit allerhand Schmähworten beſchriebenen Galgen; etwa hun=
dert Perſonen mit rieſigen weißen Cocarden ſtanden auf dem Platze und erhoben, als der Kaiſerwagen anfuhr, ein wüthendes Geſchrei: A bas le voleur, l'assassin, à bas nicolas! Man hob ſich gegen=
ſeitig in die Höhe um in den Wagen hineinſehen und hineinſchimpfen zu können, während Napoleon, neben ſeinem Oberſtmarſchall in die

Ecke hineingedrückt, bleich und entstellt da saß, ohne ein Wort hervor=
zubringen. Die Commissäre sprangen aus den Kutschen, den Kaiser
mit ihrem Leibe zu decken; dasselbe that Napoleon's Begleitung, dar=
unter la Peyrusse der die Menge in seinem Gascogner Patois an=
redete, ohne daß sich diese dadurch in ihrer Wuth beschwichtigen ließ.
Nur mit der äußersten Anstrengung gelang es, die Pferde umzuspannen
und mit ihnen davon zu jagen, den andern Kutschen weit voraus.

Etwa eine viertel Wegstunde von Orgon kam ein Reiter des
Weges daher geritten, der anhielt und berichtete wie er Zeuge ge=
wesen von der furchtbar aufgeregten Stimmung in Marseille, in Aix,
in Lambesc; wie sich Pariser Agenten unter dem Volke herumtrieben;
wie sich eine Anzahl Leute verschworen hätten den Kaiser nicht lebend
aus Frankreich zu lassen u. dgl. Napoleon gab sich, bei aller Auf=
merksamkeit die er dem Erzählenden schenkte, den Schein als ob er
seinen Worten keinen Glauben schenkte. Kaum aber daß jener fort
war ließ er halten, zog im Wagen einen schlichten blauen Überrock an,
setzte einen runden Hut auf den er mit einer auffallenden weißen
Cocarde zierte²*), und bestieg ein Postpferd auf welchem er, nur von
dem Vorreiter Amaudru begleitet, mit verhängten Zügeln die Straße
dahin sprengte. Ohne sich aufzuhalten kam er durch Saint=Canat,
durch Lambesc wo eine Anzahl von etwa dreißig Personen den Kaiser=
zug erwartete, bis er sich unerwartet auf einem Hügel fand von wo
man nach Aix hinabblickte. Hier schien es ihm, wenn er gleich die
Rolle eines vorausreitenden Couriers angenommen hatte, denn doch
nicht gerathen sich in die Stadt zu wagen wo ihn irgend jemand zu
erkennen vermöchte; er kehrte um und ritt eine französische Meile
zurück bis zu einer armseligen Herberge La Calade, wo er abstieg und,
sich für den britischen Oberst Campbell ausgebend, ein Mahl für die
Nachkommenden bestellte. Von den Wirthsleuten schien der Mann
kaiserlich gesinnt zu sein; seine Frau aber war das entschiedene Gegen=

theil davon, und sie war es die im Hause das große Wort führte. Es war eine kleine Provençalin, lebendig schwatzhaft neugierig, die dem „Obersten" viel zu schaffen machte. „Sie wisse, er sei vom Gefolge des Kaisers", sagte sie vertraulich zu ihm; „einige Herren hätten gestern hier gespeist und ihre Verwunderung geäußert wie man einen Mann, dem so viel Hilfsmittel zu Gebote stünden, auf eine Frankreich so nahe Insel verweisen könne; sie sei ganz derselben Meinung; on dit qu'à lui seul il a plus d'esprit que toute l'Europe; sie hoffe das Volk werde ihm den Garaus machen ehe er auf das Meer komme, gewiß würde ihm damit nur geschehen was er verdiene; sollte der Verwünschte aber dennoch mit heiler Haut nach Saint-Tropez gelangen, so rathe sie dem Obersten sich ja mit jenem nicht einzuschiffen, denn sie hoffe man werde Mittel finden ihn in der See zu ersäufen; oh, sans doute!" „Sans doute", bekräftigte der falsche Sir Neil. Nachdem die Wirthin, um in der Küche nachzusehen, sich entfernt hatte, kam ihr Mann, setzte sich an die Seite des Angekommenen und suchte ihn zu beschwichtigen: „seine Frau meine es nicht so bös; sie sei im Grunde ein gutes Weib, aber etwas hoch hinaus; in Air habe man ihr vollends den Kopf verdreht; indeß wenn der Kaiser wirklich komme, werde ihm kein Haar gekrümmt werden". Diese Trostworte verfingen aber bei dem Geängstigten nicht; in ihm blieb nur der Eindruck dessen haften was die Wirthin gesagt hatte, und was so sehr mit demjenigen zusammenstimmte was ihm auf dem ganzen Wege seit Valence begegnet war. Als er mit seinem Kammerdiener Pélart allein war, sank er, der fast zwei Nächte kein Auge zugethan hatte, auf der Schulter desselben in Schlummer. Wieder erwachend sprach er niedergeschlagen halb zu Pélart halb zu sich selber: „Ich werde für immer dem politischen Leben entsagen, ich will mich um nichts mehr kümmern was vorgeht. Ich werde in Porto-Ferrajo glücklich sein, glücklicher als ich es je gewesen; ich werde mich mit den Wissenschaften beschäftigen. Man biete mir die Krone von Europa an, ich verlange sie mir nicht. Du haft gesehen was das Volk ist! Ich hatte wohl recht die Menschen zu verachten. Und dennoch dieses Frankreich!? Welch ein Undank! Mich widert der Ehrgeiz an, ich verlange mir nicht mehr zu herrschen!" [20]) ...

Die Wagen mit den Andern befanden sich noch weit zurück. Als sie in Saint-Canat ankamen, wo wieder ein Pferdewechsel stattfand, gab es die ärgsten Auftritte. Ein Hagel von Steinen fiel gegen die Kutsche in welcher die Leute, und so auch die Commissäre die von dem Vorausritt und von der Verkleidung nichts wußten, den Kaiser vermutheten. Man wollte den Schlag aufreißen der aber zum Glück abgesperrt war, sonst würde es dem armen Grafen Bertrand, der allein im Wagen saß, wohl an's Leben gegangen sein. Bezeichnend waren die Äußerungen der Weiber die sich an die Equipagen der Commissäre herandrängten und baten: „Um der Barmherzigkeit Gottes willen, liefert ihn uns aus! Er hat es wahrhaftig um euch so wie um uns verdient, daß ihr nichts besseres thun könnt als ihn unserer Rache zu überlassen!" Man kam zuletzt glücklich vom Pferdewechsel davon und machte in La Calade Halt wo Napoleon, wie die Andern nun erst erfuhren, sich unerkannt einquartirt hatte. Pélart, der wie alle von Napoleon's Gefolge jetzt auffallende weiße Cocarden trugen, kam den Commissären entgegen und machte sie im Namen seines Gebieters darauf aufmerksam, daß sie demselben gegenüber so thun möchten als wenn sie den Oberst Campbell vor sich hätten.

VII.

Der französische Kaiser in der österreichischen Uniform.

Graf Truchseß war der erste der in das Gelaß trat. Er sah in einem Winkel den Kopf in die Hand gestützt einen Mann in blauem Überrock sitzen, auf den er ohne ihn zu kennen losschritt. Jener fuhr aus seinem Nachsinnen empor, wie erschreckt von dem Nahen eines Fremden, blickte ihn an und zeigte ihm ein von Thränen benetztes Antlitz in welchem der preußische Commissar jetzt erst den Kaiser erkannte. Der gab ihm einen Wink sich ohne Aufsehen neben ihn zu setzen, und sprach, da sich eben die Wirthin im Zimmer zu thun machte, von gleichgiltigen Dingen. Als sie draußen war, verfiel er in sein voriges Brüten. Die Commissäre wollten ihn allein lassen; allein er bat, sie möchten, um keinen Argwohn zu erregen, ohne viel Umstände ab und zu gehen als ob er ihres gleichen wäre. Mit Merkmalen der größten Angst belehrte er sie wie seine Rolle als Oberst Campbell fortgespielt werden müsse, und erst als sie ihn aufmerksam machten, die Leute könnten denn doch in Erfahrung gebracht haben daß Sir Neil schon früher durchgereist sei, willigte er in die Änderung seines Pseudonyms als Lord Burghersh ein. Bei der Ungenirtheit, womit er sich in seinem jetzigen Kleinmuth ihnen gegenüber gehen ließ, machten dieselben die Entdeckung einer verborgenen Krankheit die er sich in der letzten Zeit des Feldzuges irgendwo geholt haben mußte und deren Behandlung ihm auf seiner Fahrt, wie es schien, viel zu schaffen gab.

Es wurde aufgetragen, man setzte sich zu Tische, wobei die Frau des Wirthes die Aufwärterin machte. Da Napoleon's Koch das Mahl nicht bereitet hatte, fürchtete er die Speisen möchten vergiftet sein. Doch schämte er sich wieder vor den Andern, die mit gutem Appetit und mit gutem Gewissen sich's wohl schmecken ließen. Er nahm also von allen Gerichten etwas auf seinen Teller, auch in den Mund, spuckte es aber wieder aus oder warf es hinter sich auf den Boden; ein Stück Brod und eine Flasche Wein, die ihm Pélart aus seinem Wagen bringen mußte, waren seine ganze Mahlzeit. Wenn die Wirthin in der Stube war, zeigte er sich redselig und aufgeräumt; wie sie aber den Rücken wandte, sprach er von nichts als von seinen Befürchtungen; zum Beweis wie gegründet dieselben seien, erzählte er seinen Reisegefährten das Gespräch das er vor ihrer Ankunft mit der Frau gehabt hatte. Er machte einen Vorschlag nach dem andern, was wohl zu thun sei wenn Leute kämen und man ihn dennoch erkennen würde; er erkundigte sich genau, ob das Gelaß keine Hinterthüre habe durch die man entschlüpfen könnte, und wie tief es vom Fenster, dessen Laden er im untern Theile aus Vorsicht geschlossen hatte, auf den Boden wäre um im äußersten Falle hinabzuspringen; als man ihm sagte daß das Fenster vergittert sei und daher keinen Ausweg biete, wurde er sichtlich blaß. Bei dem geringsten Lärm der sich außen hören ließ fuhr er zusammen und veränderte die Farbe. Hatten ihn die Commissäre eine Zeit allein gelassen und kam dann einer und der andere wieder, so fanden sie ihn in trübe Gedanken versunken, das Haupt in die Hand gestützt, mehr als einmal die Wangen von Thränen benetzt. „Es würde zu weitläufig sein", berichtete Koller an den Fürsten von Metternich, „Euer Durchlaucht die merkwürdigen und peinlichen Stunden zu beschreiben die wir in diesem Wirthshause verlebten, und während welcher der Kaiser stets zwischen der Angst für seine Erhaltung, der Bemühung Vorschläge zu seiner Rettung, seiner Verkleidung u. s. f. zu machen, und zwischen der Furcht schwebte schon hier erkannt und wegen seines Hierseins in Aix verrathen zu werden. Sein Schrecken ging so weit daß er schon auf dem Punkt war, auf Anrathen des noch betroffeneren Grafen Bertrand, auf Lyon zurückzugehen; nur die Rücksicht daß wir weit weniger Weg, folglich auch Gefahr, vor uns als hinter uns hatten, konnte ihn davon abbringen" [30]).

Mittlerweile hatten sich in den anderen Räumen des Wirthshauses allerhand Gäste eingefunden, mit denen die Commissäre und deren Begleitung verschiedene Gespräche anknüpften. Die Letzteren wollten die Leute glauben machen daß der Kaiser schon voraus sei, allein darauf gaben diese nichts; eben der lange Aufenthalt den die Fremden in der Herberge nahmen ließ sie das Gegentheil glauben. „Wir wollen ihm ja nicht an's Leben", sagten sie, „wir wollen ihm auch nichts zu leid thun; wir wollen ihn nur betrachten wie er sich in seinem Unglück ausnimmt, und ihm einige Wahrheiten sagen die er sonst so wenig hat hören wollen". Über die aufgeregte Stimmung die in Aix herrschte liefen fortwährend beunruhigende Nachrichten ein, und es wurde zuletzt von den Commissären beschlossen, eine offene Ordre auszustellen und voraus in die Stadt zu schicken, damit die Behörden im Verein mit den angeseheneren Bürgern Anstalten träfen um den Kaiser ohne Unglimpf und Gefahr durchreisen zu lassen. Napoleon stimmte diesem Vorschlage zu, mit dessen Ausführung Graf Clam betrant wurde. Schon eine halbe Wegstunde vor der Stadt fand er längs der Straße die halbe Bevölkerung auf den Beinen, und die Art wie sich die Leute zeigten, die Reden die sie führten, ließen das ärgste befürchten. In der Dunkelheit hielten sie den österreichischen Major für einen Eilboten Napoleon's und wollten sich auf ihn werfen; erst als er sich in seiner wahren Eigenschaft zu erkennen gab, ließen sie ihn durch. Es gelang ihm beim Maire die vornehmsten Bürger zu versammeln, sich mit seiner Vollmacht auszuweisen und es durch vieles Zureden dahin zu bringen, daß um eilf Uhr nachts die Thore abgesperrt und Gensdarmen so wie Nationalgarden auf der Chaussée aufgestellt wurden um den Weg frei zu machen. Nachdem er dies ausgerichtet kehrte er nach La Calade zurück, wo nun die Weiterreise beschlossen wurde. Noch hielt aber Napoleon eine Vorsicht für nothwendig: eine neuerliche Umkleidung nämlich, da ihm die alte nicht hinreichenden Schutz zu bieten schien. Der Adjutant des Grafen Suvalov mußte sich bequemen Napoleon's Überrock und runden Hut zu nehmen, „um", wie es in den Koller'schen Privat-Aufzeichnungen heißt, „nöthigenfalls für den Kaiser angesehen insultirt und — erschlagen zu werden". Napoleon selbst aber zog Koller's österreichische Generals-Uniform mit dem Bande des Theresienkreuzes an, setzte die Feldkappe des Grafen Truchseß auf und hing sich Suvalov's Mantel um. Nachdem all das glücklich von statten gegangen, mußte auf Napoleon's Verlangen vorerst noch im Zimmer die Ordnung geprüft und eingeübt werden, in welcher man durch die mit Gästen angefüllten andern Räume der Herberge hinausschreiten würde; zuletzt fand man die nachstehende als die beste: voran Drouot, nach ihm der Pseudo-Napoleon, dann Koller, Napoleon in seiner Verkleidung, Suvalov, zuletzt Truchseß, und nach diesem ohne weitere Ordnung das Gefolge. So drängte man sich zu den Wagen durch die Menge hindurch, die mit offenem Munde und aufgerissenen Augen rathlos die Vorübergehenden anglotzte und sich vergebliche Mühe gab, aus dem Vergleiche mit den Fünf-Francs-Stücken die mehrere in den Händen hielten, den wahren Napoleon herauszufinden. Einige von Aix herbeigekommene

Gensdarmen machten Raum, und so fuhren die Wagen endlich von einem Orte fort wo der entthronte Kaiser so qualvolle Stunden zugebracht hatte.

Obgleich es tiefe Nacht war als man in die Nähe von Aix kam, befand sich noch immer ein großer Theil der Einwohner auf den Beinen, nicht mehr wie früher auf der Straße da man die Stadtthore geschlossen hatte, aber auf den Stadtmauern an welchen nun der Kaiserzug ungehindert zwar, aber unter einem von den Wällen heruntertönenden Schwall von Geschimpf und Verwünschungen des „Tyrannen", des „Nicolaus", und dann wieder Lebehochs auf Ludwig XVIII. dahinfuhr. Napoleon, der zur Linken Koller's im vierten Wagen saß, hatte neue Pein zu ertragen und zeigte die größte Angst für sein Leben. Von jetzt an reiste Graf Clam mit seiner offenen Ordre jedesmal dem Zuge eine Strecke voraus, bereitete mit Hilfe der Ortsbehörden das Volk auf die bevorstehende Durchfahrt des Kaiserzuges vor und redete den Leuten, indem er ihnen dies als einen Wunsch der verbündeten Mächte und ihrer neuen Regierung darstellte, ein ruhiges Benehmen ein. So ging die Weiterreise mindestens ohne bedeutsamere Auftritte von statten, obwohl darum Napoleon keineswegs beruhigter wurde. Um ja keinen Argwohn, in welchem Wagen die Hauptperson des ganzen Zuges sich befinde, aufkommen zu lassen, mußte der auf dem Bocke sitzende Kammerdiener Koller's, Peter Schönborn mit Namen, so oft man in die Nähe von Leuten kam, in recht qualmender Weise Tabak rauchen; den zu seiner Rechten sitzenden General aber ersuchte Napoleon, er möchte singen, und als Koller seine Unvertrautheit mit dieser Kunst äußerte, wenigstens pfeifen, „und mit dieser sonderbaren Musik wurde überall der Einzug gehalten, während der Kaiser, durch den Weihrauch der Tabakspfeife eingeräuchert, in eine Ecke der Caleche gedrückt sich tief schlafend stellte"[31].

In solchem Aufzuge traf man denn auch um die achte Morgenstunde des 26. April in Saint-Maximin Departement Var ein, wo das gemeinschaftliche Frühstück eingenommen wurde. Als Napoleon erfuhr daß sich der Unter-Präfect von Aix im Orte befinde, ließ er ihn zu sich kommen und redete ihn an: „Sie werden erröthen, mein Herr, mich in österreichischer Uniform zu erblicken, aber ich habe sie nehmen müssen um mich gegen den Unglimpf und die Gewaltthätigkeit dieser Provençalen zu schützen! Ich habe", fuhr er fort, „voll Vertrauen meine Reise unternommen, ich konnte zu meinem Schutze eine Bedeckung von 6000 Mann mit mir führen, ich habe aber eine solche Vorsicht verschmäht". Und nun fing er an gegen die Provençalen loszuziehen, „Leute die, wenn keine Gefahr dabei, jeder Schlechtigkeit fähig seien, die aber, wenn es darauf ankomme sich zu schlagen, keinen Schuß Pulver werth seien" :c. Der arme Beamte wußte nicht wie er sich solchen Auslassungen gegenüber, in Gegenwart der Commissäre der Verbündeten, benehmen sollte und sagte nur, er sei zu verwirrt um etwas erwiedern zu können. Auch ließ ihm Napoleon keine Zeit zu weiterer Antwort, sondern fiel ihm gleich wieder in's Wort um sich von neuem über den Undank dieser Provinz zu beklagen, und verabschiedete ihn zuletzt in übler Laune. Er erzählte sodann seinen Reisegenossen, wie er vor achtzehn Jahren an der Spitze einer bewaffneten Abtheilung in diese Gegenden abgeschickt worden sei, um zwei Royalisten zu retten, welche die fanatische Menge hatte aufknüpfen wollen weil sie die weiße Cocarde aufgesteckt: „Ich habe sie gerettet, mit vieler Anstrengung, aus den Händen dieser Wüthenden, und heute sind es dieselben Leute die sich zu Auftritten in ganz entgegengesetztem Sinne herbeifinden! So groß ist der Wankelmuth des französischen Volkes!"

Nicht weit hinter St. Maximin wurde Napoleon eine große Genugthuung zutheil. Ein französischer Officier, Corse von Geburt, trat an die rechte Seite der offenen Caleche Koller's heran und sprach diesen in einer Weise an, die verrieth er halte denselben für den Kaiser, eine Meinung in der er bestärkt werden mußte als Koller, dem Napoleon allerhand Winke in's Ohr flüsterte, dem Officier Fragen über dessen Heimat-Insel stellte die nur einem mit den Zuständen und Verhältnissen derselben vollkommen vertrauten Corsen geläufig sein konnten.

Man kam durch Brignoles und hier brachte Graf Clam, der dem Zuge wieder vorausgeeilt war, zwei dem Kaiser in hohem Grade angenehme Nachrichten, nämlich: daß sich in der Nähe von Le-Luc seine Lieblingsschwester Pauline befinde und zwar, was ihn in seiner jetzigen Lage und Stimmung vielleicht noch mehr freute, unter dem Schutze zweier Escadronen österreichischer Husaren.

VIII.

In Le-Luc und Fréjus.

Am 26. April 3 Uhr N.M. kam man in Le-Luc an. Napoleon stieg in einem etwa eine französische Meile vom Orte entfernten Landhause ab, dessen Eigenthümer ³²) die Princessin Pauline gastlich unter sein Dach aufgenommen hatte. Sie war die letzte Zeit ihrer Gesundheit wegen in Nizza gewesen und befand sich jetzt wieder in leidendem Zustande. Das Wiedersehen der beiden Geschwister war wehmuthsvoll; Pauline ergriff die Hand ihres Bruders die sie küßte und mit ihren Thränen benetzte. Sie wollte ihm in seine Verbannung folgen und traf Anstalten, sich noch denselben Abend nach Le-Muy bringen zu lassen von wo sie dann am andern Tage nur zwei Lieues zum Hafen hatte. Bevor sie ihre Abreise antrat, ließ sie die Commissäre zu sich bitten und durch den Grafen Bertrand sich vorstellen, denen sie mit der ihr eigenen Grazie viel verbindliches sagte und die Hoffnung aussprach sie am andern Tage wieder zu sehen. Dazu kam es aber nicht; die kurze Fahrt griff die Leidende derart an, daß sie ihren Vorsatz, gleichzeitig mit Napoleon nach Elba zu gehen, aufgeben und für's erste in Le-Muy zurückbleiben mußte.

VIII. In Le-Luc und Fréjus.

Erst in Le-Luc, unter dem Schutze unserer Liechtenstein-Husaren, wagte es Napoleon seine Verkleidung aufzugeben und seine eigene Uniform wieder anzuziehen. Unsere Husaren waren es auch die ihm von jetzt bis zu seiner Einschiffung als Ehrenwache dienten, und es fiel ihm, nach den bitteren Erfahrungen die er gemacht, nicht bei, diese Bedeckung von sich zu weisen. Überhaupt fühlte er selbst jetzt sich kaum nach allen Seiten hin sicher. Es hatte, wie wir wissen, im ursprünglichen Plane gelegen daß in Saint-Tropez die Einschiffung stattfinden solle, und dort hatte auch der vorausgesandte Oberst Campbell die nöthigen Anstalten getroffen. Ohne Zweifel aber waren es die Wahrnehmungen der letzten Tage, was die Commissäre der Verbündeten bewog Saint-Tropez mit dem, wie es scheint, stilleren und versteckteren Fréjus zu vertauschen; an diesen letzten Ort als Endpunkt der Route lautete denn auch die bereits am 25. für Clam ausgestellte offene Ordre. Es kam nur noch auf die Zustimmung Napoleon's zu dieser kleinen Änderung der Reiselinie an, und Koller benützte den Aufenthalt in Le-Luc um ihm wirksame Vorstellungen zu machen, indem er hauptsächlich darauf hinwies wie schlecht die nach Saint-Tropez führenden Wege seien. Andererseits war Fréjus für Napoleon nicht ohne sympathische Erinnerungen: dort war er vor mehr als vierzehn Jahren, aus Ägypten kommend, an's Land gestiegen, um die Zügel der Regierung Frankreichs in seine kräftige Hand zu nehmen. Sofort ging Clam nach Fréjus voraus, um daselbst Anstalten zur Aufnahme des Kaisers und der Commissäre zu treffen, und von da sogleich weiter nach Saint-Tropez, die daselbst vorbereiteten Schiffe in den andern Hafen hinübersegeln zu lassen.

In Le-Luc nahmen mehrere Diener die Napoleon bis hierher gefolgt waren ihren Abschied. Zur selben Zeit, in der Nacht vom 26. zum 27., verschwand eine Cassette mit ungefähr 60.000 Fr. aus welcher der kaiserliche Haushofmeister die Reiseauslagen bestritt; der Dieb wurde erst später auf der Insel Elba, vorzüglich durch das aufmerksame Auge Koller's, entdeckt und dann auf italienischem Boden festgenommen.

Am 27. April 9 Uhr vormittags brach man von Le-Luc auf, fünf Stunden später war man in Fréjus dessen Einwohner eine günstige Stimmung zeigten. Napoleon stieg in demselben Wirthshause ab das ihn bei seiner Rückkunft aus Ägypten aufgenommen hatte. Sir Neil befand sich bereits an Ort und Stelle, eben so eine britische Fregatte „the Unbaunted" Capitän Usher; gegen Abend und in der darauffolgenden Nacht gingen die französche Fregatte „la Dryade" [32b]) Capitän Moncabrié, die Brigg „l'Inconstant" und mehrere Transportschiffe auf der Rhede vor Anker. Als Napoleon erfuhr, eine bloße Brigg sei bestimmt ihn aufzunehmen, zeigte er sich sehr ungehalten. „Was soll das heißen", rief er, „Mir eine armselige Brigg zu schicken? Warum hat man Mir nicht einen Dreidecker gegeben?! Mein ist das Verdienst Frankreich eine Marine gegeben zu haben, und nun schickt Mir die Regierung eine elende kleine Brigg, das ist eine Gemeinheit — c'est cochon ça!" Um zu wissen was das für eine Brigg sei, ließ er sich ein großes Buch bringen woraus er sogleich alle Details über das Schiff verlas, indem er zu Koller sagte: „Die Engländer würden Millionen hergeben um diese Bücher, alle diese großen Tabellen und Übersichten zu besitzen die Ich da habe; ganz Frankreich ist darin enthalten!" Doch war sein Zorn über die „armselige Brigg" nur ein verstellter, ein bloßer Vorwand um mit Ehren der britischen Flagge, zu welcher er mehr Zutrauen zu haben schien, den Vorzug geben zu können; wir wissen daß ihn schon in Fontainebleau dieser Gedanke beschäftigte. Die Commissäre waren damit ganz einverstanden, freilich aus einem andern Grunde: sie meinten seiner Person in diesem Falle sicherer zu sein als auf einem französischen Schiffe. Es kostete darum Koller keine besondere Mühe den Kaiser für seinen Vorschlag zu gewinnen. „Ich erweckte", erzählt er in seinem Berichte an Metternich,

„einige Besorgnisse über den Geist des französischen Schiffvolkes bei Ihm, und da der um vier Uhr von Saint-Tropez eingelangte Major Graf Clam dies noch bestärkte und der Kaiser überdies beleidigt war daß man Ihm nur eine schlechte Brigg zur Fahrt angewiesen hatte, so entschloß Er sich sogleich die englische Fregatte zu wählen und sich von der französischen begleiten zu lassen". Bald darauf ließ sich Capitän Usher durch den Oberstmarschall vorstellen und richtete nun an den Kaiser die förmliche Bitte von seinem Schiffe Gebrauch zu machen. Noch denselben Abend wurde mit der Einschiffung des Geräthes begonnen.

Der britische Capitän wurde zur kaiserlichen Tafel gezogen, der auch die Commissäre und der Major Clam beiwohnten. Napoleon war jetzt ein ganz anderer als der er in den letzten Tagen gewesen, ja alle Erinnerung daran, alle Verlegenheit über die wenig erbauliche Rolle die er dabei gespielt, schien ihm vollkommen entschwunden zu sein. „Eines der merkwürdigsten Details ist", schrieb Koller nach Paris, „daß der Kaiser, seitdem die drohende augenblickliche Gefahr vorüber ist und er sich nahe am Hafen sieht, er auch immer mehr wieder den Ton des Regenten annimmt; er sprach heute bei Tafel, zu der wir alle gezogen waren, mit vielem Feuer von den Plänen die er noch für Frankreich ausgeführt hätte, von der Herrschaft die er auch über England errungen haben würde, und nahm endlich einen so positiven Ton an, daß man wirklich noch den mächtigen Beherrscher dieses Staates und der ungeheuren Kräfte vor sich zu sehen glaubte, über deren Dasein Vertheilung und Anwendung er sich mit uns besprach"[33]). Im Eifer des Gespräches geschah es ihm daß er von „seinen" Flotten in Toulon Brest Antwerpen, von „seiner" Armee in Hamburg, von „seinen" in Hyères befindlichen Mörsern u. dgl. sprach, ohne gewahr zu werden daß ihm ja das alles nicht mehr gehörte.

Es war bestimmt daß der „Unbannter" am nächsten Morgen die Anker lichten solle, desgleichen daß General Drouot und Major Clam, ersterer um als Übernahms-Commissar zu fungiren, letzterer um dem Commandanten der Insel General Dalesme die auf die Übergabe bezüglichen Befehle der Pariser Regierung zu überbringen, nach Elba vorausgehen und für diesen Zweck den „Inconstant" benützen sollten; Clam würde, nachdem er dem Übernahms-Acte beigewohnt, dem Kaiser entgegenfahren und ihn von dem Vorgefallenen in Kenntniß setzen, damit derselbe mit Vermeidung weitläufiger Verhandlungen ohne Aufenthalt im Hafen von Porto-Ferrajo einlaufen könne. Napoleon ließ auch wirklich ein Schreiben an den Grafen Dalesme aufsetzen worin er demselben die nöthigen Verhaltungsbefehle gab, und ihn zugleich bat die Einwohner von dem neuen Stande der Dinge zu unterrichten, „so wie von der Wahl die ich bezüglich ihrer Insel als meines Aufenthaltes getroffen habe, sowohl um der Sanftmuth ihrer Sitten als um der Güte ihres Klima willen" [34]).

Indessen kam es zur Ausführung dieser beiden Vorsätze nicht. Die Einschiffung am Morgen des 28. unterblieb weil Napoleon eine böse Nacht zugebracht hatte, mit ähnlichen Erscheinungen wie damals in Fontainebleau, Krämpfen und heftigem Erbrechen; er fühlte sich ernstlich unwohl und es wurde beschlossen erst am Abend abzureisen [35]). Aber auch die Absendung Drouot's und Clam's unterblieb, wie es scheint, aus folgender Veranlassung: Am Morgen des 28. hatte der Capitän der französischen Fregatte Audienz beim Kaiser um demselben sein Schiff zur Überfahrt anzubieten. Napoleon lehnte es mit Bedauern ab: „Er würde ohne Zweifel ein französisches Fahrzeug vorgezogen haben; allein man könne Ihm kaum zumuthen auf einem Schiffe zu fahren welches das weiße Banner aufgehißt habe, wenn Er sich gleich überzeugt halte daß der Capitän wie die Bemannung in ihrem Herzen die Drei-Farbe trügen". Als Moncabrié (Montcabrié?)

entgegnete: „Dieses Hindernis lasse sich beheben, er werde gar kein Banner aufhissen, und Se. Majestät möge sich überzeugt halten mit allen gebührenden Ehren und Auszeichnungen empfangen zu werden", berief sich Napoleon darauf, daß er am gestrigen Tage das Anerbieten des Capitäns Usher schon angenommen habe und diese seine Zusage, ohne letztern zu beleidigen, nicht zurücknehmen könne. Moncabrié zog sich zurück und verließ, durch Napoleon's Ablehnung erbittert, noch denselben Tag mit seiner Fregatte und der Brigg die Rhede von Fréjus um nach Toulon zurückzukehren [36]). Dadurch war der „Inconstant" der Benützung entzogen, und man mußte sich vorbehalten Drouot und Clam, sobald man in der Nähe von Elba angelangt sein würde, um ein paar Stunden dahin vorauszuschicken.

Napoleon benützte den Aufenthalt in Fréjus zur Abfassung mehrerer Briefe die Koller mit seinem Dienst-Paquet nach Paris befördern sollte: an den ersten kaiserlichen Leibarzt Baron Corvisart [37]) den er um Nachrichten über die Kaiserin bat, an Maria Louise selbst, an den Kaiser Franz. Die beiden letzteren Schreiben lauteten:

Fréjus den 28. [38]) April 3 Uhr nachmittags 1814.

Meine gute Louise, ich bin in Fréjus angekommen. Ich war mit dem Geiste der Franzosen sehr zufrieden bis Avignon, aber von Avignon an habe ich sie sehr grausam gefunden. Ich war sehr zufrieden über den Verkehr mit dem General-Adjutanten*); lasse Deinen Vater das wissen. Ich gehe in zwei Stunden nach der Insel Elba ab von wo ich Dir nach meiner Ankunft schreiben werde. Meine Gesundheit ist trotz allem gut; sie wird nicht geschwächt werden, wenn es nicht durch den Gedanken wäre daß meine Freundin sich beunruhigt. Küsse meinen

*) Koller

Sohn. Die Prinzessin Pauline die sich in ein Schloß zwei Stunden von hier begibt*), will um jeden Preis auf die Insel Elba kommen um mir Gesellschaft zu leisten, aber sie ist so leidend daß ich denke sie werde die Überfahrt nicht unternehmen können.

Mein Herr Bruder und theuerster Schwiegervater, Ich habe das Schreiben Eurer Majestät erhalten. Der Wunsch der Kaiserin und der meinige ist wieder vereinigt zu sein, besonders in einer Zeit wo es dem Glücke gefallen hat uns alle seine Härten fühlen zu lassen. Euer Majestät meinen daß die Kaiserin nöthig hat in ein Bad zu gehen und daß sie unmittelbar darauf nach Italien kommen werde. Diese Hoffnung lächelt mir, und ich zähle darauf. Ich habe von der Reise über den General Koller und den Major Clam nur lobenswerthes zu sagen. Ich empfehle Eurer Majestät diese vortreffliche Kaiserin und meinen Sohn. Ich bitte Eure Majestät sich der Gefühle vollkommener Achtung und hoher Verehrung, die ich für Sie hege, versichert zu halten.

Fréjus 28. April 1814.

Napoleon.

Als Graf Drouot letzteren Brief dem General Koller zur Bestellung überreichte, fügte er die Bitte bei, „einen etwaigen Verstoß auf der Adresse zu verzeihen, weil ihnen die Etiquette nicht bekannt ist und sie keinen Secretair hier haben". Koller nahm den Brief zu sich um ihn erst vom Bord der Fregatte, nachdem man sich unwiderruflich eingeschifft haben würde, nach Paris abgehen zu lassen [30]); ohne

---

*) Le-Muy.

Zweifel wollte er nicht ein zweitesmal, wie am 20. in Fontainebleau, in die Verlegenheit kommen, dem Fürsten Metternich einen Zeitpunkt der Abreise angezeigt zu haben, der nachderhand, obwohl ohne sein Verschulden, weiter hinausgerückt würde.

Bevor Napoleon von Fréjus aufbrach, empfing er noch den Grafen Waldburg-Truchseß dem er für die während der Fahrt geleisteten Dienste dankte und glückliche Rückreise wünschte, ohne jedoch ein Wort des Grußes für dessen Monarchen beizufügen. Vor acht Uhr abends fuhr er sodann, mit den Liechtenstein-Husaren als Bedeckung, nach dem eine halbe Wegstunde von Fréjus gelegenen Hafen Saint-Raphean wo unmittelbar darauf, unter Bezeigung aller dem Kaiser geziemenden Ehren seitens der Fregatte und ihrer Bemannung[40]), die Einschiffung stattfand. Graf Šuvalov, der vorausgegangen war, erschien an Bord des Schiffes um seinen Abschied zu nehmen und die warmen Empfehlungen Napoleon's für den Kaiser Alexander entgegenzunehmen. Der russische so wie der preußische Commissar sahen ihre Mission als beendet an und traten noch in derselben Nacht die Rückfahrt nach Paris an, Šuvalov auf dem kürzesten Wege, Truchseß über Toulon und Marseille. Die Husaren-Division blieb für's erste noch in der Gegend als Schutz- und Ehrenwache der Prinzessin Pauline. Die Bagagen des Kaisers wurden auf seinen ausdrücklichen Wunsch nach Savona beordert, wo eine britische Fregatte zu ihrer Aufnahme vor Anker lag; Koller mußte an den Erbprinzen von Hessen-Homburg schreiben damit dieser von Lyon aus die nöthigen Befehle ergehen lasse.

IX.

Ankunft in Elba.

Am 28. abends oder am 29. morgens wurden die Anker gelichtet [11]), am 30. mit Tagesanbruch die Höhen von Nizza erreicht. Seit Napoleon das Schiff bestiegen war er in der aufgewecktesten Laune, und Oberst Campbell vermuthete nicht ohne Grund, das Bewußtsein sich nun aus jeder Lebensgefahr befreit zu sehen, habe den größten Theil daran gehabt. Er betrug sich gegen alle mit gleicher Ungezwungenheit und Laune, er erklärte sich nie in besserer Gesundheit befunden zu haben, und seine Begleitung versicherte daß er ihr nie so voll Zufriedenheit und Behagen erschienen sei. General Koller, Oberst Campbell und Major Clam, dann Capitän Usher und ein und der andere Officier der Fregatte waren während der ganzen Überfahrt Napoleon's Tischgenossen. Auf dem Schiffe hatte Napoleon hinreichend Zeit und Gelegenheit zu plaudern, was er denn auch reichlich that [12]). Bei Tische richtete er seine Worte meist an Campbell der sie dem Capitän der Fregatte übersetzen mußte, was Sir Neil mit einiger Umständlichkeit that; der Kaiser betrachtete dabei die beiden Engländer, von denen der eine sprach der andere horchte, mit gespannter Aufmerksamkeit. Auch waren es meist England oder das Verhältnis von

Frankreich zu jenem betreffende Gegenstände die er behandelte. Englands angemaßte Herrschaft zur See; die Continental=Sperre die Napoleon als einen Act der Nothwehr eingeführt haben wollte; die Beschießung von Kopenhagen mit welcher Ihm die Engländer den größten Dienst erwiesen hätten, denn Er habe gewußt daß sie sich dadurch Dänemark zum geschworenen Feind machen würden; die Unternehmung gegen Walchern das Er um keinen Preis in ihren Händen hätte lassen dürfen, diese und viele andere Vorwürfe wurden von Napoleon der Reihe nach angeregt und mit einer wahren Redeflut behandelt. Als er einst von Gibraltar sagte, es sei eine Schmach für Spanien diese Festung in den Händen Englands zu lassen, und Campbell entgegnete sie gelte für uneinnehmbar, sagte Napoleon: „Ah pah, mit Kanonen kann man alles einnehmen!" Ein beliebtes Thema war ihm der Nachweis, Frankreich sei kein Handelsstaat, sondern ein Agricultur= und Industrie=Staat, der Handel sei für Frankreich nur von untergeordneter Bedeutung. „Ich habe es nie dahin bringen können", sagte er, „daß keine englischen Waaren nach Frankreich gebracht würden; eine Pariserin bringt es nicht über sich, sich irgend einen Fetzen zu versagen der aus London kommt, während eine Engländerin einen Ehrenpunkt daraus zu machen im Stande ist nichts französisches zu tragen". Die Engländer, meinte er, würden jetzt Frankreich einen Handelsvertrag aufzwingen der diesem zum Nachtheil gereichen werde. „Die Bourbons sind arme Teufel, die froh sind daß sie leben, überglücklich wieder ihre Paläste und ihre Parks zu haben; sie werden den Vertrag den Ihr ihnen vorlegen werdet unterzeichnen, und Frankreich wird sich dabei zugrundrichten. Wenn sie jemals wieder aus Frankreich werden gejagt werden, so wird es um dieses Handelsvertrages willen sein" [13]). Als Campbell einmal, da Napoleon von der Allein= herrschaft Englands zur See sprach, ihn begütigen wollte: „während England auf dem Meere seine Erfolge errungen, habe Frankreich in gleichem Maße auf dem Festlande Fortschritte gemacht", rief er lebhaft: „Hören Sie mir mit den Franzosen auf! Was waren sie denn bevor Ich kam? Vor den Preußen sind sie bei Roßbach davon gelaufen wie die Hasen!" Auch mit den Andern unterhielt er sich, wenn es sich traf, im Zwiegespräch. Dem Grafen Clam schilderte er einmal, was für ein Leben er auf Elba führen, wie er seine mathematischen Studien wieder aufnehmen werde ꝛc. „Sie müssen wissen, ich bin von ganz eigener Art, ich bin der Mann für ein sehr thätiges Leben, und auch wieder für eine sitzende Lebensweise". „Das kommt daher", bemerkte der junge Major, „weil Euer Majestät sehr viel Einbildungs= kraft haben". „Ja wohl, ich habe viel Einbildungskraft, ich hatte deren oft nur zu viel!"

Am 1. Mai erreichte man die Küste von Corsica und warf im Golf von Calvi Anker. Eine Deputation aus Bastia war einige Zeit früher in Genua erschienen um sich von Lord Bentinck britischen Schutz zu erbitten; alsbald waren Commodore Brisbane und General Montresor an der Spitze eines kleinen Geschwaders abgesegelt und hatten auf Bitten der Einwohner in Calvi, S. Fiorenzo und andern Orten Besatzungen zurückgelassen; der französische Commandant in Ajaccio General Berthier, von den Vorgängen in Paris unterrichtet, hatte sammt der Besatzung der neuen französischen Regierung den Eid der Treue geleistet. Als der „Undaunted" vor Calvi ankerte, befand sich eben ein Theil des britischen Geschwaders im Hafen; mehrere Officiere der Marine und des Landheeres erschienen an Bord dem Kaiser ihre Aufwartung zu machen, und wurden von diesem zur Tafel gezogen. Napoleon war ungemein begierig Auskünfte über Corsica zu erhalten; besonders wünschte er zu wissen ob die Depu= tation, welche in Genua gebeten hatte unter britischen Schutz gestellt zu werden, blos aus Bastia oder aus allen Theilen der Insel gewesen sei. Er machte die Andern auf verschiedene Punkte der Insel aufmerksam,

die übrigens von dieser Seite mit ihren kahlen Gebirgen und unwirth-
lichen Rissen einen nichts weniger als einladenden Anblick bot, belehrte
sie über die von Strecke zu Strecke errichteten Thürme, bestimmt die
Eingänge der Meeresbuchten zu vertheidigen u. dgl. Am 2. Mai
befand man sich auf der Höhe von S. Fiorenzo. Napoleon zeigte sich
wieder voll Unruhe näheres von den Zuständen auf der Insel zu erfahren,
und verlangte man möchte an's Ufer senden. Als er ein Fischerboot
gewahrte, sagte er halb scherzend: „Wohlan, lassen Sie diesen Fischer
herankommen!" Der britische Capitän äußerte gegen Campbell sein
Erstaunen über die Zumuthung des Kaisers, den Nachen eines Fischers
anhalten zu lassen, was so sehr gegen alle Übung auf hoher See
verstoße. Campbell nahm Anstand diese Bemerkung dem Kaiser mitzutheilen; der aber forderte ihn auf ihm zu übersetzen was jener
gesagt habe. Als er es vernommen lachte er und klopfte Usher auf
den Rücken, indem er sagte: „Ah, Capitän!" Koller aber meinte beiseite zu Campbell: „Er ist das Beschlagnehmen so gewohnt, daß er
auch jetzt noch von seinen alten Praktiken nicht lassen möchte". Gegen
Abend gewahrte man eine kleine Tartane, die, von Genua nach Sar-
dinien bestimmt, in der Nähe von S. Fiorenzo am Ufer lag; der
Besitzer wurde an Bord gebracht, den Napoleon italienisch anredete,
oder vielmehr mit einem Schwall von Fragen bestürmte, und dann
plötzlich stehen ließ. Als der Mann erfuhr wer da zu ihm gesprochen,
starrte er dem Kaiser nach, zeigte aber, als dieser noch einmal sich
fragend an ihn wandte, viel weniger Manieren, so daß Napoleon den
Capitän Usher ersuchte den Mann fortzuschaffen. Am 3. Mai wurde
das Cap Corse umsegelt, Napoleon zog den Hut seine Heimatinsel,
wie er meinte zum letztenmal in seinem Leben, zu grüßen, seine Begleitung folgte seinem Beispiel. Man fuhr an Capraja vorüber, von
welchem Usher im Namen seiner Regierung vorläufig Besitz nahm;
die Bewohner der Insel hatten zwei Wochen früher die französische

Besatzung davongejagt und sich an Lord Bentinck in Genua mit der
Bitte gewandt unter britischen Schutz gestellt zu werden. Bald hatte
man Elba in Sicht, und sofort wurden Drouot und Clam mit dem
Schiffs-Lieutenant Hastings auf einem Bote vorausgeschickt um auf
der Insel Anstalten zum Empfange des Kaisers zu treffen. Erst
gegen zehn Uhr abends ging der „Undaunted" auf der Rhede von
Porto-Ferrajo vor Anker; am andern Morgen wechselte die Fregatte
mit der Besatzung des Platzes die üblichen Schüsse der Begrüßung,
was man seitens der Begleitung Napoleon's so nahm als gelte es der
Ankunft ihres Gebieters.

Als Drouot und Clam auf der Insel ankamen, hatte das
Fort von Porto-Ferrajo das weiße Banner, jenes von Porto-Longone
das dreifarbige aufgehißt; General Dalesme nahm die Vollmachten
und Instructionen der beiden Abgesandten entgegen und nun wurde in
Porto-Ferrajo die neue kaiserliche Flagge aufgezogen, worauf die letzteren zur Fregatte zurückkehrten und die Meldung brachten daß der
Besitzergreifung kein weiteres Hindernis im Wege stehe[41]). So betrat denn der nunmehrige Souverain eines kleinen Eilands, welches
ihm das Schicksal gegen ein unermeßliches Weltreich eingetauscht hatte,
den Boden seines neuen Besitzthums. Es war am 4. Mai 11 Uhr
V. M. Kanonensalven tönten zu seiner Begrüßung, die Garnison der
Insel, aus mehreren Abtheilungen französischer Artillerie und Linie
bestehend, war in Parade ausgerückt, General Dalesme trat seinem
ehemaligen Gebieter ehrfurchtsvoll entgegen. Die sonstigen in Eile
getroffenen Empfangsfeierlichkeiten waren armselig genug; sie konnten
eben so gut einer Dorfhochzeit gelten. Die Behörden, die Gemeinde-
vertretung, die Geistlichkeit in altmodischer Tracht; drei Violinen und
zwei Baßgeigen die eine Musikbanda vorstellten; ein Baldachin von
verschossenem Sammt, aber mit Kränzen und Gewinden aus funkel-
nagelneuem farbigen und Gold-Papier behangen — Bertrand und

Drouot mochten bersten vor Zorn über diese unerquickliche Noth=
dürftigkeit; nur Napoleon verzog keine Miene und nahm die Huldi=
gungen des kleinen Fleckes Erde, den man ihm gelassen hatte, mit
einem Ernste und einer Würde entgegen die ihres gleichen suchte[45]).
Man verfügte sich in die Kirche wo ein Tedeum abgehalten wurde,
darauf in das Municipalitäts=Gebäude wo sich die bürgerlichen
und kirchlichen Körperschaften ihrem neuen Monarchen vorstellten.
Darauf setzte er sich zu Pferde und nahm, im Geleite von zehn bis
zwölf Personen, die Befestigungswerke in Augenschein.

Für die Unterkunft der jetzigen Majestät von Elba war erbärm=
lich fürgesorgt: elendes Quartier, abgenützte Meubel. Napoleon berieth
sich mit Koller wie für die erste Zeit abzuhelfen sei; man kam zuletzt
überein, aus Lucca und Piombino das Ameublement der Princessin
Elisa herüberschaffen zu lassen, und Koller fand sich herbei, zu diesem
Behufe ein Begrüßungsschreiben an die neue toscanische Regierung zu
richten. Man schritt zur förmlichen Übergabe der Hauptinsel Elba
und der dazugehörigen kleinen Eilande Palmajola, Pianosa und Monte=
cristo, dann der beiden festen Plätze auf der ersteren mit allen Waffen
und Geschützen, Kriegsbedarf und Mundvorrath; das Übergabs=Proto=
coll unterschrieben im Namen der verbündeten Mächte General Koller
und Oberst Campbell. Als Wappen und Banner des neuen Insel=
staates wurden drei Bienen bestimmt, und sandten die beiden Commissäre
diesfalls Verständigung an alle Consulate des Mittelmeeres. Die
französische Besatzung hatte Elba zu verlassen, sobald die in Fontai=
nebleau ausgewählte kaiserliche Garde die sich noch auf dem Wege
befand eingerückt sein würde. Napoleon konnte sich nicht enthalten an
die Besatzung eine Proclamation zu richten, worin er erklärte Officiere
Unter=Officiere und Mannschaft, die sich dazu geneigt fänden, in seinen
Dienst und Sold nehmen zu wollen. Koller hielt es für seine Pflicht
ihn aufmerksam zu machen, daß dies ein Schritt sei den man seitens

der Verbündeten als einen feindseligen auslegen werde. „Was mache ich mir daraus!" erwiederte Napoleon; „Ich werfe mich in meine Festungen und trotze darin jedem Blocus". „Euer Majestät werden verzeihen, wenn ich mir zu bemerken erlaube daß Ihre Gegner in diesem Falle ein sehr einfaches Mittel haben Ihnen eine solche Abwehr auf die Länge unmöglich zu machen". „Und welches wäre das?!" „Man wird Ihnen die vertragsmäßig zugesicherte Dotation zurückhalten". „Parbleu, das würde mir nicht in den Kram taugen. Aber was ist jetzt zu thun?" Koller rieth, der Proclamation eine solche Deutung zu geben, als habe sich dieselbe nur auf die der Insel durch Geburt Angehörigen beziehen sollen; und so geschah es denn auch.

Wie sich an diesem Beispiele zeigt, war der österreichische General so sehr in das Vertrauen Napoleon's hineingewachsen daß letzterer die wichtigsten Angelegenheiten mit ihm besprach, ja in seinem neuen Besitzthum keine Vorkehrung traf ohne jenen darüber zu Rathe gezogen zu haben. Gerade der Freimuth, den Koller mit aller einem so großen und berühmten Manne schuldigen Ehrerbietung in tactvoller Weise zu vereinigen wußte, stellte ihn in den Augen Napoleon's nur um so höher. Es traf sich wohl selbst daß Koller geradezu sagte: „Euer Majestät haben Unrecht!" „Und wie, mein General", fuhr Napoleon einmal bei dieser Einsprache auf, „würden Sie sich eine solche Rede wohl Ihrem Kaiser gegenüber herausnehmen?" „Unser Souverain, Sire", erwiederte Koller mit feiner Wendung, „würde es am unrechten Platze finden wenn seine Diener ihm nicht unter allen Umständen die Wahrheit sagten". Darauf Napoleon mit nachdenklichem Ernst: „In diesem Falle ist Ihr Gebieter wahrhaftig besser bedient als ich es je gewesen!" Oft kam das Gespräch auf die letzten Ereignisse. Napoleon ließ dem Fürsten Schwarzenberg volle Gerechtigkeit widerfahren: „Ich habe" (nach der Schlacht bei Arcis-sur-Aube) „eine Schwenkung ausgeführt um ihm in den Rücken zu kommen;

ein gewöhnlicher Feldherr würde, um sich seine Verbindung offen zu halten, den Rückzug angetreten haben; für einen tüchtigen gab es nur einen Ausweg, und das war jener den der Fürst Schwarzenberg ergriffen hat. Man kann mich tadeln dies nicht vorausgesetzt zu haben, da man weiß welch gute Meinung ich seit jeher von ihm hatte; ich hielt ihn eines solchen Entschlusses fähig, ich wußte er könne ihn fassen. Aber andererseits zählte ich darauf, ehe es ihm gelingen würde die Zustimmung der Monarchen zu erlangen, werde es zu spät sein. Er unternahm es ohne diese Zustimmung, und in diesem Punkte habe ich mich getäuscht" [18]). Minder angenehmes bekam Koller über seinen kaiserlichen Gebieter zu hören. So lobte Napoleon einmal den Kaiser Alexander, der so freundlich gewesen ihm ein Asyl in seinem Reiche anzubieten, „ein Vorgang den ich mit größerem Recht, aber vergebens, von meinem Schwiegervater erwarten konnte". Sehr peinlich war Napoleon die Erinnerung an die beschämenden Vorfälle auf der Fahrt durch die Provence, und er bedauerte auf's tiefste so viele Zeugen derselben gehabt zu haben. „Was Sie betrifft, mein General", wandte er sich zu Koller, „so haben Sie mich in meiner ganzen Blöße gesehen" — je me suis montré tout nu; nach einer andern Leseart: je me suis montré cul-nu —; „aber gestehen Sie selbst, würde all das sich haben ereignen können wenn nicht die provisorische Regierung ihre Hand dabei im Spiel gehabt hätte, um mich im Gewirre durch den Pöbel aus dem Leben schaffen zu lassen?" Koller redete ihm diesen Argwohn aus; „gewiß seien die jetzigen Machthaber Frankreichs jenen häßlichen Auftritten fremd gewesen; unter keinen Umständen dürfe man ihnen ein Betragen zumuthen, das in so grellem Widerspruche mit der Gesinnung und den Absichten der verbündeten Monarchen wäre!" ... Leider sind uns von den vielen und zum Theil Stunden langen Gesprächen, die Napoleon sowohl während seiner Reise als in den ersten Tagen auf Elba mit Koller führte, nur solch

vereinzelte Bruchstücke aufbehalten worden; das meiste behielt der
General, wie schon früher erwähnt, mündlichem Berichte vor. Clam
wurde von ihm, sobald die Übergabe der Insel in die Hände der
neuen Herrschaft vollzogene Thatsache geworden, nach Paris voraus=
gesandt. „Er wird Euer Durchlaucht einige der interessantesten Details
der letzten Tage vorläufig zu melden die Ehre haben können", schrieb
Koller dem Fürsten Metternich; „überhaupt darf ich Euer Durchlaucht
eine gewiß sehr merkwürdige Sammlung seiner verschiedenen den Cha=
rakter dieses Mannes stark bezeichnenden Äußerungen in diesem Zeitraum
seines Lebens versprechen". Wir haben gesehen, daß Graf Clam vieles
davon in seinen Ergänzungsbericht aufgenommen hat.

Koller blieb nur wenige Tage in Elba. Als er zuletzt heim=
kehren zu müssen erklärte, wurde es Napoleon nicht leicht ihn fort=
gehen zu lassen; er nahm fast gerührten Abschied von ihm und lud
ihn ein von Zeit zu Zeit ihn auf seiner Insel zu besuchen. Er gab
ihm zugleich einen Vertrauensauftrag mit auf den Weg, nämlich in
Genua einen Handels= und Schifffahrts-Vertrag für seinen neuen
Inselstaat abzuschließen. Nach Paris aber sollte er ein Schreiben
mitnehmen [47] das, in's Deutsche übersetzt, ungefähr lautete:

Porto=Ferrajo den 9. Mai 1814.

Meine gute Louise, General Koller, der mich hieher be=
gleitet hat und mit dem ich überaus zufrieden war, kehrt zurück.
Ich betraue ihn mit diesem Briefe. Ich bitte Dich Deinem
Vater zu schreiben daß er irgend etwas thue um diesem General,
der sich ausgezeichnet gegen mich benommen hat, eine Anerkennung
zutheil werden zu lassen. Ich befinde mich hier seit fünf Tagen.
Ich lasse eine ganz hübsche Wohnung mit einem Garten wo
gute Luft ist herrichten und werde mich binnen drei Tagen

daselbst befinden. Meine Gesundheit ist vortrefflich. Die Einwohner scheinen gut zu sein, das Land ist ganz angenehm. Was mir abgeht, sind Nachrichten von Dir und zu wissen daß Du Dich wohl befindest; ich habe deren seit dem Courier, den Du mir sandtest und der mich in Fréjus eingeholt hat, keine erhalten. Lebewohl meine Freundin. Küsse meinen Sohn.

X.

Eine Reliquie von Napoleon's Fahrt nach Elba.

Dieselbe befindet sich im Besitze Sr. Excellenz des Baron August Koller der freundlichst uns dieselbe in Augenschein nehmen ließ. Es ist jene k. k. österreichische Feldmarschall-Lieutenants-Uniform, in welcher der geängstete Imperator die Fahrt aus dem Landwirthshause La-Calade durch die aufgeregten Gegenden der Provence bis Le-Luc machte. Koller hat die Uniform, als ihm Napoleon dieselbe zurückstellte, nie wieder angelegt, sondern vom ersten Augenblicke als bleibendes Erinnerungszeichen an eine der denkwürdigsten Episoden seines Lebens in besondere Aufbewahrung genommen. Sie hat, wenn wir nicht irren, durch viele Jahre einen Bestandtheil der reichen und interessanten Koller'schen Sammlung des Schlosses Obřistwi in Böhmen gebildet. Es ist ein Militär-Frack von altmodischem Schnitt wie er damals an der Tagesordnung war, mit jenem traditionellen Hechtblau das bei den Generalen unserer Armee der Hauptsache nach bis auf den heutigen Tag dasselbe geblieben ist; der rothe, von der rangmäßigen Goldborte eingefaßte Kragen ist umgeschlagen, ungefähr wie heute, nur viel breiter; an dem linken Brustlatz ist noch das verschossene weiß-rothe Band des Theresien-Ordens angeheftet. Die Reliquie ist zur Stunde in guten und treuen Händen; aber wo ist, bei einem von einer Generation zur andern wechselnden Familien-Besitze, die Bürgschaft vorhanden daß es immer in gleicher Weise damit werde gehalten werden? Sollte nicht das kaiserliche Armee-Museum alles daran setzen, das weltgeschichtliche Erinnerungsstück in seine bleibende Verwahrung zu bekommen?

Anhang.

I.

Discours de l'Empereur à Sa vieille garde.

(Beilage zu dem fünften Bericht Koller's aus Roanne 23. April [15]).

Soldats de la vieille garde! Je vous fais mes adieux! Je suis content de vous! Depuis vingt ans je vous ai trouvé braves et fidèles! L'ennemi en me dérobant trois marches était entré dans Paris, je marchais pour l'en chasser et il n'y serait pas resté trois jours. Je vous remercie du noble élan que vous avez montré dans ces circonstances! Mais une partie de l'armée avait trahi ses devoirs, m'abandonnait et passait dans les camps ennemis; mais les Alliés avaient armé l'Europe entière contre moi; une partie de la nation s'était prononcé pour un nouveau Souverain! Dès lors la prompte délivrance de la Capitale devenait impossible. J'eusse pû faire durer la guerre encore deux, trois ans par les trois quarts de l'armée qui me restait fidèle, et aidé des efforts de la très grande majorité de la nation, me poster sur la Loire ou sur mes places fortes. Mais la guerre étrangère et civile eussent déchiré le territoire de notre belle patrie, et pour prix de tous ces sacrifices pouvions nous espèrer de vaincre l'Europe entière, appuyée de l'influence qu'exerce la ville de Paris qu'une faction était parvenu à dominer? Dès que j'ai vu que je ne pouvais plus éviter la guerre civile je n'ai considéré que les intérêts de la patrie et le repos de la France; j'ai fait le sacrifice de tous mes droits, de tous mes intérêts personnels, prêt à faire celui de ma personne, car le bonheur et la gloire de la patrie ont toujours été le but de ma vie.

Soldats, continuez toujours à marcher sur le chemin du devoir et de l'honneur! Servez avec fidélité le souverain que la nation a choisi. J'aurais pu cesser de vivre, mais je veux vivre encore pour vous! Je veux écrire; la plus douce occupation de ma vie sera désormais de faire connaître à la posterité tout ce que vous avez fait de grand, et ma seule consolation sera d'apprendre tout ce que la France fera encore pour la gloire de son nom.

Je ne puis pas vous embrasser tous, mais j'embrasserai votre général et vos aigles qui vous ont guidé dans des périls et des journées glorieuses.

Adieu, mes voeux vous accompagneront toujours! Conservez moi votre souvenir!

II.

Offene Ordre für den k. k. Major Grafen Clam.

(Beilage zu dem sechsten Berichte Koller's aus Fréjus 27. April.)

Note.

M^{rs} les Commissaires des puissances alliées, chargés de diriger le voyage de S. M. l'Empereur Napoléon, ont été reçus convenablement dans toute leur route. Mais depuis qu'ils sont en Provence, le cortège a été exposé à des injures qui sont autant indignes de la loyauté et de l'honneur de la nation française que contraires à la dignité et aux égards dus aux hautes puissances alliées.

M^{rs} les Commissaires croient devoir s'adresser à M^{rs} les Maires
> d'Aix,
> de la grande Pugère,
> de Brignolles,
> de Luc,
> de Vidauban,
> de Muy,
> et de Fréjus,

pour les engager à vouloir bien dissiper les attrouppemens qui pourraient exister aux endroits sousmentionnés, de manière que lorsqu'ils voudront continuer leur route, ils puissent le faire convenablement.

Ce 25 avril 1814.

Schouwaloff. Koller.
Truchsess.

III.
Drei in der Correspondance de Napoléon I. nicht verfindige Schreiben desselben.

(K. k. Haus-, Hof- und Staats-Archiv.)

1.

Fréjus le 2 ^{35}) avril à 3 h. après midi 1814.

Ma bonne Louise, Je suis arrivé à Fréjus. J'ai été très content de l'esprit de la France jusqu'à Avignon, mais depuis

Avignon je les ai trouvé fort cruels. J'ai été très content des communications du Général aide de Camp; faites le savoir à ton Père. Je pars dans 2 heures pour l'Isle d'Elbe d'où je t'écrirai à mon arrivée. Ma santé est bonne malgré tout; elle ne sera affaiblie que par l'idée que mon amie ne soit inquiète. Donnez un baiser à mon fils. La P^sse Paule qui va dans un chateau à 2 lieues d'ici, veut absolument venir à l'Isle d'Elbe pour me tenir compagnie, mais elle est si malade que je pense qu'elle ne pourra faire le trajet . . .

2. (Original.)

Monsieur mon frère et très cher beaupère, J'ai reçu la lettre de Votre Majesté. Le desir de l'Impératrice et le mien est d'être reunis, surtout dans un temps où la fortune s'est plu à nous faire sentir toutes ses rigueurs. Votre Majesté pense que l'Impératrice a besoin d'aller aux eaux et qu'immédiatement après elle viendra en Italie. Cet espoir me sourit et j'y compte. — J'ai eu à me louer en route du général Koller et du Major Clam. Je recommande cette excellente Impératrice et mon fils à Votre Majesté. Je prie Votre Majesté de croire à tous les sentiments d'estime et de haute considération que je lui porte.

à Fréjus ce 28 avril 1814.

Napoléon.

3. (Abschrift.)

Porto Ferrajo le 9 mai 1814.

Ma bonne Louise. Le G. Koller qui m'a accompagné ici, et dont j'ai été extrêmement content, s'en retourne. Je le charge de cette lettre. Je te prie d'écrire à ton père qu'il fasse quelque chose pour témoigner une reconnaissance pour ce Général qui a été parfaitement bon pour moi.

Je suis arrivé ici depuis 5 jours. Je fais arranger un assez joli logement avec un jardin où il y a bon air, où je serai dans 3 jours. Ma santé est parfaite. Les habitans paraissent bons, et le pays est assez agréable. Il me manque d'avoir de tes nouvelles, et de te savoir bien portante; je n'en ai pas reçu depuis le Courrier que tu m'as expédié et qui m'a joint à Fréjus. Adieu mon amie. Donnez un baiser à mon fils.

IV.

Adresse

Des Habitans de l'Isle d'Elbe aux Puissances alliées qui ont concouru à détrôner le fléau du genre humain [48]).

Très-hauts et très-Puissans Alliés,

Vous vous occupez du repos du monde; mais vous ne comptez apparemment pour rien, le bonheur de quelques pauvres insulaires, jettés par la providence sur un petit coin de sable, et séparés de leurs semblables par les abymes de la Méditerranée. En réléguant parmi nous un être féroce, qui a fait couler plus de sang qu'il n'en faudrait pour submerger notre isle, vous nous faites croire qu'elle est devenue la Botani-Bay*) de la France.

Par quoi, très-hauts et très-puissans Seigneurs, avons-nous mérité qu'on fit du petit asyle que nous avons au milieu des

---

*) Isle de l'Ocean où les Anglais déportent les malfaiteurs et les scélérats.

flots de la mer, la cage où sera resserré le plus dévorant des monstres qu'ait jamais enfanté la nature? C'est dans les déserts de l'Afrique, au milieu des tigres et des léopards, ses dignes pairs et compagnons, qu'il fallait déporter cet incomparable ennemi de l'espèce humaine; ou si, parmi les rares animaux de la ménagerie du jardin des plantes, Paris n'a pas le tigre royal, que pourrait-on chercher de mieux, pour conserver en loge le prototype de tous les genres de cruautés? Ce conquérant qui n'avait pas assez de la France, de l'Espagne, de l'Italie, de la Hollande et d'une partie de l'Allemagne pour étendre les bras à son aise, quand il avait envie de bailler, se trouvera furieusement gêné dans le petit recoin du globe où nous sommes réclus. S'il avait eu quelque honneur, il aurait senti que le tartare était désormais la seule retraite qui lui convînt.

Mais il a raison de craindre la justice des enfers, et de redouter le passage du Cocyte, qui sera plus terrible encore que celui de la Berezina*). Minos l'attend, et lui réserve à la fois les supplices des Sisyphe, des Tantale, des Ixion et des Prométhée.

Pour vous, très-hauts et très-puissans alliés, si le fils d'Alcmène mérita les honneurs divins pour avoir purgé la terre de quelques voleurs, quels droits n'avez-vous pas à l'immortalité, pour avoir terrassé le fléau du monde, le brigand qui a dépouillé tant de nations?

Agréez, très-hauts et très-puissans Monarques, nos respectueuses doléances, et daignez choisir la Corse, plutôt que

---

*) Rivière sur les confins de la Lithuanie et de la Russie.

notre isle, pour le dernier repaire du Minotaure qu'elle a produit. Ce faisant, vous laisserez pénétrés d'une éternelle gratitude

Vos humbles et très-obéissans serviteurs,

Fidanza, } Deputés de l'Isle.
Buonafede,

V.

(Nach einer im Besitze der Freih. von Koller'schen Familie befindlichen Abschrift.)

Aujourd'hui quatre Mai 1814 Sa Maj. l'Empereur Napoléon, ayant pris possession de l'Isle de l'Elbe, le Général Drouot, Gouverneur de l'Isle, au nom de l'Empereur a fait arborer sur les forts le pavillon de l'Isle, fond blanc, traversé digometralement d'une bande rouge, semée de trois abeilles, fond d'or.

Ce pavillon a été salué par les batteries des forts, de la côte de la fregatte anglaise l'Undaunted et des batimens de guerre français qui se trouvaient dans le port.

En foi de quoi nous Commissaires des Puissances alliées avons signé le présent procès-verbal avec le Général Drouot Gouverneur de l'Isle et le Général Dalesme ancien Commandant supérieur de l'Isle.

Fait à Porto-Ferraio le 4 mai 1814.

Le Baron Koller   Cte Drouot.
Lt Genl-Aut[n] et Adj.-Genl   Le Général de Brigade
des Armées.   Dalesme.

Neil Campbell
Col au service de S. M. Brit[ann].

Anmerkungen.

1. S. 2. Truchseß=Walbburg deutsche Ausgabe S. 27 Anm. **). In der französischen Uebersetzung findet sich die Anekdote nicht.

2. S. 9. Thielen, Erinnerungen; Wien Braumüller 1863, S. 154. Ueber Clam's Thätigkeit nach der Schlacht bei Dresden, wo er manchen Schlichen des russischen Haupt=Quartiers auf die Spur kam, s. ebenda S. 113—116.

3. S. 10. In der Correspondance de Napoléon I. Bb. XXXI. S. 2 heißt es: „Ces commissaires furent présentés à Fontainebleau, et l'Empereur désigna le jour suivant (20 avril) pour son depart." Darnach müßten die Commissare am 19. April dem Kaiser vorgestellt worden sein, was entschieden unrichtig ist. Anbrerseits ist es sicher, daß Napoleon bereits am 14. entschlossen war abzureisen; s. des Ver= fassers „Maria Louise" S. 437 Anm. 194. Das Einschiebsel „(20. avril)" ist daher offenbar am unrechten Platze.

4. S. 11. Campbell Napoleon at Fontainebleau and Elba S. 157.

5. S. 12. Erster Bericht Koller's mit der Note Bertranb's im Original als Beilage.

6. S. 13. Campbell S. 175 f. stellt, angeblich nach den Mittheilungen Clam's, die Sache so bar, als ob bie Entscheidung, Napo= leon nicht über Land bis Piombino gehen zu lassen, allein vom Kaiser

Franz ausgegangen wäre, und schildert überdies das Zusammentreffen des letztern mit Maria Louisen zu Rambouillet am 16. April in einer Weise, die mit unserer aus französischen Quellen geschöpften Darstellung („Maria Louise" S. 323 f.) nicht stimmt. Clam sei, als Kaiser Franz mit Metternich nach Rambouillet gefahren, mit im Wagen gewesen. Der Kaiser habe nie von der „Kaiserin" gesprochen, sondern sie nur „meine Tochter" oder die „Prinzessin" (?) genannt. Als der Kaiser im Schlosse angelangt, habe ihn, durch zwei Zimmer kommend, eine ältliche Dame in vollem Staate empfangen, die ihn mit ceremoniöser Haltung begrüßte. Der aber habe sie mit den Worten beiseite geschoben: „Wer zum Teufel sind Sie? Meine Tochter will ich sehen." Diese habe ihn am Eingang ihrer Appartements empfangen, ihm die Hand geküßt und sei in Weinen ausgebrochen; er habe sie umarmt, zu einem Sopha geführt und sei mit ihr allein geblieben. Nach einer halben Stunde habe der Kaiser Clam rufen lassen und ihn beauftragt, dem General Koller zu sagen, mit der Reise über Piombino sei es nichts ꝛc.

7. S. 14. Ueber diese militärische Courierreise s. Thielen a. a. O. S. 309—313, wo man auch die Gründe nachlesen mag, welche der Verfasser für seine baroque Behauptung oder, wie er es nennt, seine „moralische wie factische Ueberzeugung" vorbringt, „daß Napoleon auf seiner Reise nach Elba Lyon sicher nicht berührt hat".

8. S. 14. Zweiter Bericht Koller's an den Fürsten Metternich.

9. S. 15. Dritter Bericht Koller's (zweiter vom 17. April) mit einer Note Bertrand's vom selben Tage in Abschrift als Beilage.

10. S. 16. Die Stelle in dem Erlasse des Kriegs-Ministers Dupont an den Ober-Commandanten der Insel Elba vom 18. April — abgedruckt bei Cambpell S. 169 —, die Napoleon jene Besorgnis einflößte, war diese: „Les troupes qui se trouvent dans l'île d'Elbe, et tous les effets appartenant à la France, devront être évacués".

11. S. 17. Vierter Bericht Koller's vom 20. April, der mit den Worten beginnt: „Daß wir so eben 9 Uhr früh von hier abreisen" ꝛc.

12. S. 18. „Pourquoi l'Empereur a-t-il amené le Roi de Prusse? Est-ce pour avoir un roi à sa suite? Qu'est que le Roi peut avoir dit à ma femme? De grossièretés? Ce n'est que l'homme d'esprit qui a le droit d'en dire puis-qu'il sait choisir le moment. Moi je me sens encore trop de dignité pour avoir le reçu, ce Roi là, s'il avait voulu venir me voir." Ergänzungsbericht Clam's.

13. S. 20. Fünfter Bericht Koller's aus Roanne vom 23. April. — Vieles von dem Gange dieser merkwürdigen Unterredung enthält das im Eingange erwähnte Schriftchen des Grafen Truchseß deutsche Ausgabe S. 9—17, dem offenbar dabei die mündlichen Mittheilungen oder schriftlichen Aufzeichnungen Koller's zu Gebote standen. Einige der interessantesten Gesprächswendungen haben wir aus dem im besondern Auftrage Koller's abgefaßten Ergänzungsberichte Clam's geschöpft.

14. S. 20. Abermals eine Ungenauigkeit der Aufzeichnungen von St. Helena, wo es a. a. O. S. 2 heißt: „Le 20 avril 1814, à six heures du matin ... l'Empereur sortit des appartements" etc.

15. S. 21. Die „Correspondance" bringt XXVII S. 363 den Wortlaut dieser Ansprache nach Fain's „Manuscrit de 1814". Der Koller's fünftem Bericht beiliegende Text ist weitläufiger, dagegen minder rhetorisch, und hat unseres Dafürhaltens um dieser beiden Umstände willen die Wahrscheinlichkeit größerer Treue für sich. Wer aus dem Stegreif und im Affect spricht, thut dies nicht im Lapidarstyle. — Eine dritte Lesart, sich der Koller'schen anschließend, bringt die französische Uebersetzung der Truchseß'schen Schrift 2. Auflage S. 62—64; eben so unterscheidet sich jene bei Campbell S. 183—185 nur wenig von der Koller's.

16. S. 22. So berichten die Aufzeichnungen von St. Helena; Campbell selbst schreibt nichts davon, was übrigens nichts beweist. Dagegen heißt es am erstern Orte von dem österreichischen Commissar: „Le général Koller, le chapeau au bout de son épée, se livra au témoignage du plus vif enthousiasme." Ob dies bei einem Manne, dessen Tact und Selbstbeherrschung zu jeder Zeit gerühmt wurde, glaublich sei, wollen wir dem geneigten Leser zu beurtheilen überlassen.

17. S. 23. Abermals unrichtig oder doch sehr ungenau heißt es in den Aufzeichnungen von St. Helena: „L'Empereur ne voulut aucune escorte."

18. S. 24. Campbell S. 186—188. Der zweite Theil des Gespräches soll in Gegenwart eines „Officiers mit Namen Laplace, Sohnes eines Senators" stattgefunden haben, während französische Quellen einen Obersten be la Place unter jenen nennen die den Kaiser am 20. verließen.

19. S. 24. „In some places they allowed him to pass without any compliment, although incited thereto by the soldiers of the guard who are cantoned upon this route". Campbell S. 188.

20. S. 26. Von Roanne 23. April datirt der fünfte Bericht Koller's, worin die Begebenheiten von den letzten Stunden in Fontainebleau bis zum Aufbruche aus Roanne in der Richtung von Lyon erzählt werden. — Bezeichnend ist es, daß die Aufzeichnungen von St. Helena a. a. O. S. 4 die Sache so darstellen, Napoleon habe gefürchtet die Lyoner würden für ihn demonstriren: „il connaissait l'affection que lui portaient les habitants de cette grande ville". Es mag sich jeder selbst sagen, ob Napoleon nach seiner Haltung am vorausgegangenen Tage aus solchem Grunde Bedenken getragen, ob er es nicht vielmehr gerade darum gewünscht haben würde, Lyon bei Tag zu passiren!

21. S. 27. So die Denkwürdigkeiten von Sanct Helena. Koller geht über die Ereignisse dieses Tages flüchtig hinweg; auch Campbell und Truchseß erwähnen von solch napoleon-freundlichen Kundgebungen nichts.

22. S. 27. Die Aufzeichnungen von St. Helena erzählen: eine große Volksmenge habe Napoleon erwartet und bis zum Ausgange der Vorstadt La-Guillotière begleitet; alles sei voll der besten Hoffnungen für eine unausbleibliche Wendung der Dinge gewesen; „ces espérances étaient particulièrement témoignées par le peuple; l'Empereur parlait peu, et ce qu'il disait était pour consoler". A. a. O. S. 4.

23. S. 28. Diese Anekdote, die sich in der französischen Uebersetzung S. 22 findet, „a été communiquée au traducteur par le comte de Truchsess, ainsi que plusieurs autres faits".

24. S. 31. Mit der Darstellung Koller's und Truchseß' stimmt vollkommen der Bericht Campbell's S. 189 f. überein, der den Marschall eine Strecke vor Valence getroffen hatte. Augereau schien etwas betroffen Napoleon in den Weg zu kommen, den er auf der Straße von Grenoble vermuthete, sammelte sich aber sogleich und begann nun auf Napoleon's Ehrsucht und Blutdurst loszuziehen, ihm seine Haltung in der letzten Zeit vorzuwerfen: "C'est un lâche! Je l'ai cru toujours tel. Il aurait dû marcher sur une batterie et se faire tuer". Er sagte dem Obersten zuletzt: wenn ihm Napoleon einen Anlaß dazu gebe, werde er ihm seine Meinung sagen.

25. S. 33. Von buonapartistischer Seite wurde ausgesprengt, ein gewisser Maubreuil sei von Paris aus vorausgeschickt worden das Volk gegen Napoleon aufzustacheln, ja zum Morde zu reizen; eine Andeutung davon findet man in den Aufzeichnungen von St. Helena, a. a. O. S. 7. Doch sehe dagegen Bourrienne X. S. 209 f. — Ueber die Genesis dieses Memoiren-Werkes, zu welchem der Ex-Secretär Napoleon's mehr nur die Documente hergegeben und den druckfertigen Bogen sein "bon à tirer" beigesetzt f. Pichot Napoléon à l'île d'Elbe p. X—XII.

26. S. 33. L'Empereur résista inexorablement à toutes ces instances", heißt es in den Aufzeichnungen von St. Helena a. a. O. S. 6. Wir im Gegentheil meinen, er würde diesen "instances" sehr willig nachgegeben haben, wenn nur eine Möglichkeit gewesen wäre die Sache ins Werk zu setzen. — Das pop. französische nicolas ist mit dem pop. englischen old-nick in Vergleich zu setzen. "Ce nom de Nicolas était dans le Midi un des pseudonymes insultants de Napoléon, et l'on sait qu'ailleurs que dans le Midi c'est aussi un des pseudonymes de Satan, l'empereur de l'enfer". Pichot S. 33.

27. S. 34. "Avignon contient un grand nombre d'hommes féroces, couverts de crimes dans toutes les époques, et qui ont souillé leurs mains du sang des hommes de tous les partis". Correspondance a. a. O. S. 6.

28. S. 35. Bourrienne a. a. O. S. 227 sagt: "On voulait y mettre une cocarde blanche, Napoléon n'en voulait pas";

allein die Privat=Aufzeichnungen Koller's und die Erzählung des Grafen Truchseß lauten zu bestimmt, als daß wir an der Thatsache zweifeln dürften; auch bei Campbell, der aus den mündlichen Mittheilungen seiner Gefährten schöpfte, heißt es S. 191: „wearing ... a common round hat with a white cockade".

29. S. 37. Bourrienne S. 232, der seine Mittheilungen aus dem Munde von Personen die Napoleon auf seiner Reise begleitet hatten, also wahrscheinlich auch von dessen Kammerdiener, erhalten zu haben versichert. Im übrigen ist, was er S. 228—233 über die Vorgänge im Wirthshause La Calade vorbringt, ungenau und lückenhaft, stellenweise geradezu falsch.

30. S. 40. Vgl. damit die Darstellung Clam's: „Ihm selbst ließ die Angst die ungereimtesten Vorschläge ersinnen ... Er war bleich und entstellt vor Schrecken, seine Stimme war gebrochen, er hatte nicht Haltung genug, um auch nur einen Funken von Energie, von Kraft, auch nur einen Schein von Verachtung der Gefahr blicken zu lassen. Er war so zu Boden gedrückt, daß er nicht einmal vor seiner Dienerschaft, nicht vor dem Adjutanten des Grafen Suvalov den er nie gekannt hatte, auch nur ruhig scheinen konnte." — Zu bemerken ist, daß Clam in seinem Berichte das Wirthshaus La Calade mit dem Namen La=Cannatière bezeichnet.

31. S. 42. Truchseß deutsche Ausgabe S. 39, offenbar nach den Mittheilungen oder Privat=Aufzeichnungen Koller's.

32ᵃ. S. 45. Die Schrift des Grafen Truchseß bezeichnet als solchen einen Herrn Charles, Mitglied des gesetzgebenden Körpers, wogegen die „Correspondance" XXVII. S. 364 ein Dankschreiben Napoleons an Mr. Aune enthält, der doch kaum jemand anderer als der Schloßherr gewesen sein kann. — Andrerseits machen sich wieder die Aufzeichnungen von St. Helena a. a. O. S. 9 eines groben Verstoßes schuldig, wenn sie von der Division Liechtenstein=Husaren nichts erwähnen, sondern nur von einer „compagnie de vétérans, tous vieux soldats" wissen wollen, welche die Schutz= und Ehrenwache der Prinzessin Pauline gebildet hätten.

32ᵇ. S. 47. So schreiben Campbell u. a., wogegen in der, wie sich uns gezeigt, an Ungenauigkeiten und wohl auch Unrichtigkeiten nicht armen „Correspondance" XXXI. S. 9 das Schiff „Néréide" genannt wird.

33. S. 48. Sechster Bericht Koller's, der mit der Abfahrt von Roanne am 23. beginnt und mit der bevorstehenden aus Fréjus am 27. schließt. — Viel schärfer als der vorsichtige Koller drückt sich dessen jüngerer Adjutant über die Haltung Napoleon's in Fréjus aus: „Weit entfernt auch nur die kleinste Spur der am 25. erlittenen Gemüthsbewegungen an Sich finden zu lassen, zeigte er auch nicht die geringste Scham oder Verlegenheit über den Kleinmuth, die Angst, die Er geäußert hatte. Er schien es nicht blos zu vergessen, daß Seine jetzigen Tischgenossen Zeugen Seines Benehmens von vorgestern waren; die Erinnerung daran schien nicht blos erloschen, sondern es lag eine auffallende Ironie in seinem Benehmen, es war als ob Er uns alle zu sich nur geladen hätte, um sich für das Schauspiel, das Er uns in dem Wirthshause gegeben hatte, zu rächen oder schadlos zu halten." Ergänzungsbericht Clam's.

34. S. 49. Correspondance XXVII S. 363 З. 21563; die von den Commissaren sowohl an Clam als an Drouot ausgefertigten Beglaubigungsschreiben finden sich bei Campbell S. 196 f.

35. S. 49. Ueber den angeblichen Selbstmordversuch Napoleon's in Fontainebleau. Der Verfasser gegenwärtigen Aufsatzes hat sich in seiner „Maria Louise" Anm. 184 S. 436 die Bemerkung erlaubt, daß über dem Ereignisse der Nacht vom 11. zum 12. April 1814 im Schlosse von Fontainebleau, wenn es gleich von mehreren Seiten mit verschiedenen Einzelnheiten erzählt worden, immer noch ein gewisses Dunkel schwebe, und dabei auf den Ausspruch Metternich's, der Napoleon so genau kannte, hingewiesen: daß er den Kaiser eines solchen Entschlusses unfähig halte. Durch genaue Prüfung mancher Vorfälle während der Fahrt Napoleon's von Fontainebleau nach Fréjus finden wir uns in den früher ausgesprochenen Zweifeln nur bestärkt, und glauben den geneigten Leser auf folgende Umstände aufmerksam machen zu sollen:

So viel uns erinnerlich gibt es für den nächtlichen Vorfall in Fontainebleau keinen Gewährsmann der aus unmittelbarer Anschauung zu berichten vorgäbe, wenn man nicht Napoleon's ersten Kammerdiener

Constant als solchen gelten lassen wollte. Dieser aber ist ein sehr unzuverlässiger Patron, und die scheinbar von ihm und in seinem eigenen Namen geschriebenen Memoiren sind die Arbeit Anderer, denen hin und wieder Constant's Mittheilungen zum Anhaltspunkt gedient haben mochten, die aber den Haupttheil ihrer bändereichen Erzählung aus den verschiedensten Quellen von sehr ungleichem Werthe schöpften. Als ein höchst auffallendes Beispiel, mit welcher Vorsicht selbst solche Episoden, bei denen Constant unmittelbarer Zeuge gewesen zu sein, Reden aus dem Munde seines Herrn vernommen zu haben vorgibt, beurtheilt werden müssen, verweisen wir auf S. 414 Anm. [71]) unseres o. a. Buches. Ein directes Zeugniß des Leibarztes Yvan, der dem Kaiser nach der Katastrophe die ärztliche Hilfe geleistet haben soll, existirt unseres Wissens nicht, und so referiren denn alle Memoiristen nur von Hörensagen.

Zu diesem Bedenken kommt ein anderes. Napoleon hat sich während der Fahrt von Fontainebleau bei zwei Gelegenheiten über den ihm von gewissen Seiten zugemutheten Selbstmord ausgesprochen; beidemal geschah dies in der Weise, daß er sich vertheidigte, sich das Leben n i c h t genommen zu haben. Würde er nun, so dürfen wir fragen, falls die Erzählung von dem Auftritte in der Nacht des 11. April auf Wahrheit beruhte, nicht sagen müssen: „Ich h a b e es ja versucht, aber es ist mir nicht gelungen, mein Schicksal wollte es anders!"? Hören wir ihn selbst. Das erstemal war es während der langen Unterredung mit Koller, welche der Abfahrt aus Fontainebleau am 20. April unmittelbar vorherging. „Man wolle ihn tadeln", sagte Napoleon, „daß er seinen Fall überleben gekonnt. Mit Unrecht! Je ne vois rien de grand à finir sa vie comme quelqu'un qui a perdu toute sa fortune au jeu. Il y a beaucoup plus de courage de survivre à son malheur, non-mérité. Je ne crains pas la mort" etc. Und am 26. in Le=Luc zu dem Präfecten des Departements Var: „Je comprends qu'il eût été plus commode pour mes partisans que je me fusse tué; mais c'est contre mes principes; j'ai toujours regardé comme une lâcheté de ne pas savoir supporter l'adversité." (Privat=Aufzeichnungen Koller's und die französische Ausgabe Truchseß' von 1836 S. 13 f. 41 f.) Hieher gehört auch was Campbell S. 172 erzählt: Nach den letzten vernichtenden Ereignissen habe Napoleon eine Persönlichkeit seines Vertrauens gefragt: was sie an seiner Stelle thun würde. „Ich würde mir eine Kugel durch den Kopf jagen!" Napoleon habe eine Weile nachgesonnen und dann gesagt: „Oui je peux faire cela; mais ceux qui me veuillent du bien, ils ne peuvont en profiter, et ceux qui me veuillent du mal, cela les rendra du plaisir".

Wie aus den Relationen Koller's hervorgeht, muß das Gerücht von dem Vergiftungsversuche Napoleon's selbst im Haupt-Quartier der Verbündeten trotz der gegentheiligen Ansicht Metternich's seine Gläubigen gefunden haben, und selbst unter den Reisegenossen Koller's gab es einen und den andern, der sich von der Besorgnis erfüllt zeigte, der ihnen anvertraute Kaiser möchte sich ihrer Obhut durch einen erneuten Selbstmordversuch entziehen wollen. Daß Koller, der von Allen am meisten und am vertrautesten mit Napoleon zu thun hatte, von Anbeginn diese Besorgnis nicht theilte, vielmehr wiederholt Metternich versicherte: „die einzige Angst, von welcher Napoleon sich jetzt beherrscht zeige, sei die um sein Leben", ist doch gewiß sehr bezeichnend. Aehnlich urtheilt Campbell S. 199 f. von Napoleon's geänderter Gemüthsstimmung in Fréjus und an Bord: „It seemed to me that one great source of his happiness and satisfaction arose from the security of his person; for it was evident, during his stay at Fontainebleau and the following journey, that he entertained great apprehensions of attacks upon his life, and he certainly exhibited more timidity than one would have expected from a man of his calibre." Und dann wieder S. 215, wo er die Einfahrt in den Hafen von Porto-Ferrajo schildert: „When we were half-way across the harbour, he remarked that he was himself without a sword. Soon afterwards he asked whether the peasants of Tuscany were addicted to assassination. Evidently he is greatly afraid of falling in this way."

Im Texte wurde erwähnt, daß die äußern Erscheinungen am 28. morgens in Fréjus ungefähr dieselben waren wie jene am 12. morgens in Fontainebleau: starkes Unwohlsein, Krämpfe, heftiges Erbrechen. Wäre es das erstemal gewesen, daß sich an solche Symptome bei hochstehenden Persönlichkeiten der Verdacht knüpfte und das Gerücht Glauben fand, sie hätten Gift genommen, oder es sei ihnen eines beigebracht worden? Und kann solcher bloße Verdacht nicht in Fontainebleau Raum gewonnen haben, während in Fréjus, wo man Napoleon nun schon geraume Zeit in seinem Unglück beobachtet und kennen gelernt hatte, kein Mensch ihm ein ähnliches Attentat mehr zutraute?

Endlich darf nicht unerwähnt bleiben, daß die Aufzeichnungen von Sanct-Helena des dem Kaiser in der Nacht vom 27. zum 28. April zugestoßenen Unwohlseins mit keiner Sylbe gedenken; Koller aber erwähnt es in seinem amtlichen Berichte vom 28. April 1814 ausdrücklich und mit klaren Worten.

36. S. 50. Das sagt Truchseß, deutsche Ausgabe S. 49 ausdrücklich. In den Aufzeichnungen von St. Helena steht darüber nichts, und in dem amtlichen Berichte Koller's heißt es nur von Napoleon: „Er rechnet auf viele Anhänglichkeit in der französischen Marine. Ich vermuthe aber, daß der Vorzug, den er den Engländern dadurch einräumt sich auf ihrem Fahrzeug einzuschiffen, einiges Mißvergnügen bei den Franzosen erregen wird."

37. S. 50. Abgedruckt in der Corr. de Nap. XXVII. Z. 21564 S. 363 f.

38. S. 50. Das Schreiben liegt uns nur in Abschrift vor, wo es unrichtig heißt: „lo 2 avril". Auch mangelt die Copie oder Stelle der Unterschrift, und ist es darum nicht einmal ausgemacht ob nicht etwas, was auf die zweite Seite kommen sollte, durch Versloß ausgeblieben ist.

39. S. 51. Siebenter und letzter Bericht Koller's, Fréjus 28. April nachmittags 6 Uhr.

40. S. 52. Bei Truchseß deutsche Ausgabe S. 53 Anm. **) heißt es: „Von diesen Kanonenschüssen geschah jedoch keiner ihm zu Ehren, sondern zwölf zu Ehren des F.M.L. Baron Koller und zwölf zu Ehren des G.L. Grafen Schuvalov. Man ließ den Kaiser aber darüber im Irrthum, der sich vielleicht nicht gutwillig eingeschifft haben würde, hätte er die Halsstarrigkeit des Capitains Usher erfahren, ihn nur als Particulier und nicht als Kaiser aufzunehmen." Da es der Beschluß der verbündeten Mächte, England inbegriffen, war daß Napoleon den Kaisertitel fortführen solle, so ist nicht wohl einzusehen wie sich ein britischer

Capitain könnte herausgenommen haben, ihn nicht nach diesem seinem Range zu behandeln. Auch geht aus dem ausführlichen Berichte Campbell's über jene militärische Begrüßung S. 199 das gerade Gegentheil von Truchseß' Behauptung hervor. Als Napoleon während der Ueberfahrt eines Tages bemerkte, dieselbe werde reichen Stoff für die englischen Pasquillanten nnd Caricaturisten liefern, sagte Usher verbindlich: „it would immortalise the ‚Undaunted'" (Campbell S. 212), was also gleichfalls gegen die Einbildung des Reichsgrafen zeugt.

41. S. 53. Die Aufzeichnungen von Sanct-Helena a. a. O. S. 10 lassen Napoleon sogar erst am 29. April 9 Uhr abends von Fréjus nach dem Hafen aufbrechen, was entschieden unrichtig ist. Auch der o. a. Brief an M. Aune trägt das Datum des 29., was übrigens eben sowohl ein Schreib- als ein Druckfehler sein kann. Campbell schweigt leider über den Zeitpunkt der Abfahrt. — Noch eines müssen wir bemerken. Das Schreiben an Aune ist datirt: „au Bouillidou", was soll es nun mit diesem Namen? Campbell beschreibt S. 198 die Oertlichkeit vor der Einschiffung vom Ufer so: „Here a small wharf had been prepared, at the extremity of which was the barge of the ‚Undaunted'". Sollte nun etwa diese Barke „Bouillidou" geheißen und Napoleon von derselben seinen Brief an M. Aune unterzeichnet haben?

42. S. 53. „Bei Tische oder vielmehr nach demselben überließ er sich oft einer Art von Geschwätzigkeit, die ihm ein Bedürfnis schien und oft, wenn ich mich dieses Ausdruckes bedienen darf, in commérage auszuarten schien." Worte Clam's, dessen Aufzeichnungen wir den Hauptinhalt der folgenden Gespräche entnehmen; wer noch mehr darüber zu erfahren wünscht, sehe das Tagebuch Campbell's S. 201—212 nach.

43. S. 54. Auch Campbell S. 204 f. bringt diesen Ausspruch, doch mit einer interessanten Nuance, so daß wir uns nicht versagen können die Stelle herzusetzen: „Les Bourbons, pauvres diables!" Here he seemed to check himself, but presently added: „Ils sont de grands seigneurs qui sont contents d'avoir leurs terres et leurs châteaux. Mais si le peuple de France devient mécontent de cela, et trouve qu'il n'y a pas l'encouragement pour ses manufactures

dans l'intérieur qu'il devrait avoir, ils en seront chassés en six mois." Here he again checked himself as if seeming aware of his own indiscretion, and soon afterwards rose from table, breakfast being finished. He evidently possesses no command over himself while in conversation."

44. S. 57. Die Einzelnheiten der in dieser Hinsicht getroffenen Anordnungen kann man bei Campbell S. 214 f. nachlesen.

45. S. 58. Denselben Eindruck macht auch die ganz förmlich gehaltene Beschreibung der Empfangsfeierlichkeiten in den Aufzeichnungen von St. Helena, a. a. O. S. 14. — Clam bemerkt dazu: „Ob Er sich wirklich so ganz in der Gewalt hat um diese Rolle spielen zu können, oder ob Er überhaupt den Grundsatz hat sich blos des gegenwärtigen Augenblicks zu versichern und die Sachen, wie sie einmal stehen, anzuschauen, kann ich zu entscheiden mir nicht erlauben."

46. S. 60. Den französischen Wortlaut siehe: Protesch Denkwürdigkeiten aus dem Leben Schwarzenberg's ɾc. S. 270 Anm. — Daß übrigens Schwarzenberg ganz auf eigene Faust den Zug nach Paris angetreten, ist nicht richtig; er mußte sich der Zustimmung des Kaisers Alexander von Rußland zu versichern; s. Thielen Erinnerungen S. 284.

47. S. 61. Es liegt nur in Abschrift vor uns, auf welcher die Namenszeichnung fehlt.

48. S. 71. "For several weeks the inhabitants had been in a state of revolt, in consequence of which the troops occupied only the fortifications which surround the town of Porto Ferrajo ... The spirit of the inhabitants is very inimical to the late Government of France, and personally to Napoleon, so that he will certainly require the French troops for his protection, until his Guards arrive from France". Campbell S. 214 f. — Das Exemplar, das sich im Besitze der Freiherr von Koller'schen Familie befindet, ist in Klein-Octav, zwei Blatt „de l'Imprimerie de Dubie, rue St. Ferréol". Ob es irgendwo bereits abgedruckt oder in eine Sammlung aufgenommen wurde, ist uns nicht bekannt.

Druck von Adolf Holzhausen in Wien
k. k. Universitäts-Buchdruckerei